# ELIAS

Martin Buber:
Elija. Ein Mysterienspiel

Elie Wiesel:
Elias oder eine Ahnung der Unsterblichkeit

Mit acht Farbradierungen
von Kristiana Slawik

Lambert Schneider

Die Deutsche Bibliothek – CIP-Einheitsaufnahme
Elias / mit 8 Farbradierungen von Kristiana Slawik. – Gerlingen :
Schneider, 1995
Enth.: Elija / Martin Buber. Elias oder eine Ahnung der
Unsterblichkeit / Elie Wiesel
ISBN 3-7953-0931-X
NE: Buber, Martin: Elija; Wiesel, Elie: Elias oder eine Ahnung der
Unsterblichkeit

Elie Wiesel, Elias oder eine Ahnung der Unsterblichkeit; in:
Elie Wiesel, Von Gott gepackt. Prophetische Gestalten, 4. Auflage 1989


Martin Buber, Elija. Ein Mysterienspiel:

2. Auflage 1995

Umschlag: P. ART, Stuttgart
Farbradierungen: Kristiana Slawik, Harste b. Göttingen
Gesamtherstellung: Wilhelm Röck, Weinsberg
ISBN 3-7953-0931-X

# INHALT

# VORBEMERKUNG

Als sich das Gerücht verbreitete, auf Rabbi Elimelech von Lisensk ruhe der heilige Geist, er könne in die Zukunft sehen und Wunder wirken, trat ihm für die nicht-chassidischen Rabbiner Galiziens der Rabbi von Rzeszow, Aaron Ettinga, entgegen. Die Sage erzählt, Aaron Ettinga habe Elimelech geschrieben, er rühme sich, daß sich ihm der Prophet Elias offenbare; dann solle er ihn, Aaron Ettinga, doch belehren, wie auch er diese Stufe erreichen könne. Rabbi Elimelech antwortete, ebenfalls schriftlich: Er, Elimelech, habe nie solches behauptet. »Da nun aber Eure Ehren mich darüber befragen, sage ich Euch, daß Elias sogar dem geringsten unter meinen Jüngern erscheint, wohingegen Eure Ehren nur für die offenbare Thora geschaffen sind, während Ihr von den geheimen Dingen keine Ahnung habet.«[1]

Eine andere Geschichte, die Martin Buber erzählt: In einer Winternacht, nach dem Sabbath, saßen die Chassidim beisammen. Rabbi David von Lelow berichtete, wie er, wieder einmal, Rabbi Elimelech besuchen wollte: Auf dem Weg nach Lisensk, in einem Wald, geschieht etwas, was ihm noch nie passiert ist: er verläuft sich. Stundenlang irrt er umher. Als er weinend da steht, kommt ein Unbekannter daher. Der fragt David, warum er weine, erfährt den Grund und meint, gemeinsam fänden sie schon aus dem Wald hinaus. Kaum sind sie einige Schritte gegangen, da merkt Rabbi David, daß sie sich schon nahe am Waldrand befinden. Der Mann fragt ihn dann, ob er nun wisse, was ›gemeinsam‹, was ›mit-

[1] Vgl. Simon Dubnow, Geschichte des Chassidismus, 2. Bd. Aus dem Hebräischen übersetzt von A. Steinberg, Königstein/Ts. 1982 (unveränderter Nachdruck der Erstausgabe Berlin 1931), S. 27f.

sammen‹ heiße. Als Rabbi David bejaht, fügt er hinzu: »So gebe ich dir noch etwas auf den Weg. Will man zwei Holzstücke fest aneinander schließen, daß sie wie eines werden, muß man erst beider Unebnes abhauen. Wenn aber die Vorsprünge des einen sich in die Höhlungen des andern fügen und umgekehrt, ist kein Abhauen not. Dies ist das wahre Mitsammen!« Alle Chassidim stimmen zu, und einer, Jissachar Bär, sagt: »Das ist der Prophet Elia gewesen.«[2]

Elias, die biblische Gestalt: Prophet, Mahner im Auftrag seines Gottes. Er droht Ahab, dem König Nordisraels, welcher den tyrischen Baalskult fördert und JHWH wie Baal gelten lassen will. Elias stirbt nicht – mit einem Feuerwagen fährt er gen Himmel.
Elias als nachbiblische Gestalt: Wundertäter, Helfer und Freund der Bedrängten, jemand, der in die ›geheimen Dinge‹, d. h. in mystische Erfahrung einführt. Die Meister des Talmud begegnen ihm, später die Chassidim. Immer wieder die Situation: Ein Mensch ist in Not – ein Unbekannter greift ein und hilft – man erkennt, dies ist Elias gewesen.
Martin Bubers Mysterienspiel »Elija« zeigt die biblische Gestalt. Grundkonstellationen stehen im Vordergrund: Gott und der von ihm beauftragte Prophet, der Prophet JHWHs und die Anhänger des Baal, der Prophet als Unheilskünder und die Menschen, die unter diesem Unheil leiden. Am Ende wird der nachbiblische Elias angedeutet: »Mit den Seligen im Strahlenglanz soll ich wohnen, und kann doch die Unseligen nie vergessen! Als flinker Läufer habe ich dir all die Tage gedient. Laß mich Läufer bleiben! Die Erde laß mich ablaufen in deinem Botendienst!«, so Elias zu Gott. Und er erhält die Antwort: »Dein Wille geschehe, mein Sohn Elija. Als mein Bote laufe über die Erde. Hilf den Menschen in ihren Nöten ...«

---

2 Martin Buber, Gog und Magog. Eine chassidische Chronik, Gerlingen, 4. Aufl. 1993.

Elie Wiesel hat andere Fragen, wenn er die Geschichte des Elias erzählt. Er will ergründen, was für ein Mensch dieser Elias war. Was sagt uns seine Flucht vor Ahab über ihn? Wie erlebt er seinen Sieg über die Baalskünder? Wir erhalten ein Portrait des Elias – des biblischen wie des nachbiblischen.

Die Gestalt des Elias hat die Phantasie der Menschen beflügelt. In der jüdischen Tradition ist er über den biblischen Propheten, den Vorgänger der Schriftpropheten, hinausgewachsen: als Sagengestalt, Mystiker, als Vorläufer des Messias. Die Texte von Martin Buber und von Elie Wiesel ergänzen einander in seiner Darstellung.

*Thomas Reichert*

Martin Buber:

Elija. Ein Mysterienspiel

## ERSTE SZENE

AN EINEM HERBSTTAG VOR DER HÖHLE IM MORGENLICHT

*Elija, über dem Untergewand einen Mantel aus Ziegenfell mit Ledergurt. Einige Schritte vor ihm die schlafenden Ziegen. Elija steht vorgebeugt, in den Mantel gehüllt, den rechten Arm wie ein Blinder vorgestreckt, unbeweglich.*

DIE STIMME: Elija!
ELIJA: Nein! nein! nein!
DIE STIMME: *(eindringlicher)*: Elija!
ELIJA: Nein!

*Schweigen.*
*Elija, den Arm der Stimme entgegenstreckend, legt den Kopf zurück. Man hört eine leise, deutliche Stimme, die nämliche, nicht mehr aus dem Luftraum vor der Höhle, sondern wie aus der Brust des stehenden Menschen.*

DIE STIMME: Elija! Geh!
ELIJA: Ich widerstehe dir. Du kannst mich nicht zwingen.
DIE STIMME: Ich kann dich nicht zwingen.

*Schweigen.*
*Elija senkt den Kopf, ohne seine Haltung zu ändern.*

ELIJA: Grausamer Treiber, laß ab! *(Schweigen.)* Mein Herr, wohin soll ich gehn?
DIE STIMME: Geh hinab zur Senke des Tals, überschreite den Fluß, geh an die große Stadt, zum Königsschloß geh, tritt zum Tor ein und suche, zu wem ich dich sende.
ELIJA: Wen soll ich suchen?
DIE STIMME: Du wirst ihn finden.
ELIJA: Wenn ich vor ihm stehe, was soll ich tun?

DIE STIMME: Sprich zu ihm.
ELIJA: Was soll ich sagen?
DIE STIMME: Was du weißt.
ELIJA: Ich weiß nichts.
DIE STIMME: Du wirst es wissen.

*Schweigen.*
*Elija hockt nieder, sein Schatten sieht wie der einer Riesenziege aus.*

ELIJA: Und – die Ziegen?
DIE STIMME: Laß die Ziegen!
ELIJA *(zitternd)*: Die Ziegen soll ich lassen!
DIE STIMME *(leiser)*: Geh!

*Elija steht auf, ergreift den an der Höhlenwand lehnenden Stecken und geht talabwärts.*

## ZWEITE SZENE

### Es ist hoch am Tag

*Elija, stark ausschreitend, kommt am Tempel des Baal vorüber, von dem man durch eine Terebinthenallee zum Königsschloß von Samaria gelangt. Vor dem Tempel stehen einige Händler, phallische Amulette feilbietend, und feilschende Frauen. Elija bleibt stehen.*

ELIJA *(zu einem der Händler)*: Welch ein Haus ist das?
DER HÄNDLER *(laut auflachend zu den andern)*: Habt ihr den Dorftrottel gehört? Er kennt das Haus des Baal nicht!
ALLE *(ins Lachen gestimmt)*: Hornochs, Wasserkopf! Kennt das Haus des Baal nicht, wenn er davor steht.
DIE FRAUEN *(halten sich an den Händen, umtanzen Elija und singen)*:
Baal der Gewaltige jubelt:
Mein Haus habe ich aus Silber gebaut,
Meinen Palast aus rotem Golde!
ELIJA: Was wollt ihr vom Baal?
DIE FRAUEN *(jetzt dicht an ihm, die gekauften Amulette ihm vors Gesicht haltend und ihn in die Rippen stoßend, rufen immer wilder)*: Weißt du nicht, du Mondkalb, daß man diese Dinglein im Tempel weiht, die Dinglein, die man bei sich hegen muß, an der Brust, am Nabel, am Schoß, daß das große Beilager gerate, Baals Beilager mit seinen Bräuten, daß der Regen die Erde befruchte, daß die Fluren wieder sprießen! So wird der Regen erregt! Regen, Regen, Regen!
DIE HÄNDLER *(im Chor)*: Regen, Regen, Regen!

*Elija, alle abschüttelnd, bahnt sich den Weg durch die ihn Umdrängenden, und schreitet durch die Terebinthenallee zum Schloß. Niemand wagt, ihn aufzuhalten.*

# DRITTE SZENE

## Vorhalle des Königsschlosses

*Vor dem offenen Tor der Vorhalle des Königsschlosses ist, dem Tor zugewandt, eine Volksmenge versammelt. Viele lugen hinein und ziehen sich enttäuscht wieder zurück: die Vorhalle, durch die man zu Anfang der Szene einen Zug sich langsam ins innere Schloß bewegen sah, ist nun, bis auf die Wächter, leer. Inzwischen ist Elija unbemerkt herangekommen. Er geht durch die Menge, die ihn anstarrt, doch aber Platz macht. Er tritt zum Tor ein und wird sogleich von vier Wächtern rechts und links angehalten.*

DIE WÄCHTER *(haben die Kurzschwerter gezogen und richten sie auf Elija)*: Zurück, du Ziegenhirt.
ELIJA: Ich bin gesandt.
DIE WÄCHTER: Jetzt hat niemand Zutritt.
ELIJA: Er sendet mich.
DIE WÄCHTER *(etwas unsicher, aber mit spöttischer Betonung)*: Du bist doch kein Priester. Du stinkst nach deinen Ziegen.
ELIJA: Er sendet keine Priester.
DIE WÄCHTER: Du bist ja nicht einmal der niedersten Tempeldiener einer.
ELIJA: Er holt sich seine Boten nicht aus dem Tempel.
DIE WÄCHTER: Troll dich! Was schwatzest du!

*Elija wendet sich zuerst nach rechts, dann nach links, schlägt den Wächtern die Kurzschwerter aus den Händen und stößt ihnen die Köpfe aneinander. Ehe sie wieder zur Besinnung kommen, ist vom inneren Tor her der Meister der Schloßriten herangetreten und streckt der Gruppe seinen Stab entgegen.*

DER MEISTER DER SCHLOSSRITEN *(leise und gebieterisch)*: Ruhe da! Die Gesandtschaft wird sogleich drinnen zu sprechen beginnen. (Zu Elija:) Wer bist du?

*Elija schleudert den oberen Teil des Mantels, der seinen Kopf bedeckt, zurück. Auf seiner Stirn ist ein flammenrotes Sternzeichen zu sehen.*

DER MEISTER *(zu sich)*: Ein freier Künder! *(Zu den Wächtern:)* Tretet zurück, es ist gut. *(Zu Elija, flüsternd:)* Ich kenne dich nicht. Bist du von denen, die Owadja vor Isebels Mordbefehl gerettet hat?
ELIJA: Ich war nie in Gefahr.
DER MEISTER: Du bist es.
ELIJA: ER sendet mich.
DER MEISTER: Auch wenn der König dich insgeheim einlassen wollte – du kommst zur Unzeit. Die Gesandtschaft aus Tyrus ist da.
ELIJA: Ich komme zurecht.

*Der Meister nimmt seinen bestickten weißen Seidenkragen ab und legt ihn Elija um. Er holt eine smaragdgrüne Kappe hervor und setzt sie Elija auf, dem sie die Stirn deckt.*

DER MEISTER *(zu Elija)*: Du bist mein Vetter Eljada, der in Ägypten aufgewachsen ist.
ELIJA: Das hat keinen Belang.
DER MEISTER: Geh mit mir!

*Sie gehen miteinander. Elija schreitet aus.*

DER MEISTER: Sachte, Bruder Eljada!

*Sie gelangen ans innere Tor und treten hinein. Aus dem Innern hört man die Rede des Gesandtschaftsführers.*

DER GESANDTSCHAFTSFÜHRER:
Botschaft von Ethbaal, dem großen König,
Priester der hohen Aschtart:
An meine vielliebe Tochter Isebel

und an ihren Gemahl, Achab von Israel,
Baals getreuen Diener.
Segen euch von Baal dem Gewaltigen,
unserm Herrn Melkart!
Baal sieht, daß ihr ihn ehret.
Baal ist zufrieden.
Baal spricht durch meinen Mund
und durch den Mund meiner Gesandten:
Baal segnet euch,
segnet euer Volk und eure Flur.
Baal der Wolkenreiter,
Herrscher der himmlischen Quellen,
segnet eure Flur mit dem Segen des Wassers,
daß sie schwelle und sprieße.

## VIERTE SZENE

### Sondergemach des Königs

ACHAB *(zum Türhüter)*: Laß Eleasar und seinen Vetter ein.

*Der Meister der Riten tritt ein, nach ihm Elija. Sie stehen vor Achab.*

ACHAB *(zu Eleasar)*: Ist dies dein Vetter Eljada, der in Ägypten gelebt hat?
ELIJA *(vortretend)*: Ich heiße Elija. Ich bin ein Ziegenhirt aus dem Gilead, ein Tischbiter. Der toten Mutter ward ich aus dem Leib geschnitten. Niemand weiß, wer mein Vater ist. Nicht Bruder noch Schwester, nicht Vettern noch Basen leben mir. So hat denn der Meister der Riten zu mir gesprochen: »Ich nehme dich zum Vetter an«, und seither bin ich sein Vetter.
ACHAB *(betrachtet ihn eine Weile, dann schiebt er ihm die Kappe zurück)*: Du bist ein Künder. Von den Kündern des Hofs bist du nicht. Aber *(sehr langsam)* auch sonst kenne ich dich nicht.
ELIJA: ER hat mich zu dir gesandt.
ACHAB *(sieht ihn gelassen an)*: Was bringst du mir?
ELIJA: Laß das Haus des Baal schleifen!
ACHAB *(gelassen)*: Das geht nicht an. Der Baal ist der große Regenherr. Wenn er sich entzieht, trägt der Acker keine Frucht. Das Volk erwartet seine Nahrung von ihm. Dem Herrn, dem du dienst, geschieht kein Abbruch. Ich verehre ihn. Er ist ein großer Gott. Er hat uns aus Ägypten hierher geführt. Er ist ein großer Führer. Mit Ackerbau gibt er sich nicht ab. Dafür ist der Baal da. Aber deinem Herrn geschieht kein Abbruch.
ELIJA: Er verlangt nichts für sich. Er will nicht haben, er ist, er ist da. Baal will haben. Der Baal will nur haben. Das Volk ist seiner Lüge voll. Auch das Volk will nur noch haben. Laß das Haus des Baal schleifen!

ACHAB *(gelassen)*: Es geht nicht an. Der Baal ist der tyrische Gott. Ohne Tyrus' Hilfe hat mein Reich keinen Bestand. Wenn dem Baal bei uns etwas widerfährt, ist Tyrus mein Feind.
ELIJA: Er hat die Macht, nicht Baal und nicht sein Tyrus. Vertraue dich dem Herrn und du bist geborgen. Wer seinen Willen tut, ist der Mächtige. Er will, daß das Haus des Baal geschleift werde.
ACHAB *(gelassen)*: Wahrlich, es geht nicht an. Der Baal ist Isebels Gott.

*Der Meister der Riten verläßt den Raum.*

ELIJA: Verjage die Hure Isebel!
ACHAB *(springt auf)*: Was wagst du! *(Er holt zum Schlag aus.)*
ELIJA *(den Schlag unbeweglich erwartend)*: Als sie dir aus Tyrus gebracht ward und aus der Sänfte stieg, brannte sich dir nicht ihr Hurenblick ein? Sprachst du nicht zu dir: »Nie wird die mir begegnen!« Und seither – ist etwa ein Tag vergangen, an dem du nicht sahst, wie ihre Gier alles umspielte, alle Männer und dich und noch Tiere und Götterbilder? Im Wachen und im Traum sahst du sie spielen mit der Mannheit der Welt. Gestern im Morgengraun standst du an ihrem Lager, über ihren Traum gebeugt, und sahst sie in ihrem Traum mit einem huren, der vom Wolkenpferd stieg.

*Achab hat bei Elijas ersten Worten den Arm sinken lassen. Er setzt sich wieder und lehnt sich zurück.*
*Schweigen. Dann spricht Elija lauter, erst ruhig, dann zornig.*

ELIJA: Der Traum ist Baals Wohnstätte. Der Baal ist nirgendwo zu finden als im Traum. Da bekommt man, was man haben wollte, nirgendwo sonst bekommt mans. ER erhebt sich gegen den schlechten Traum der Menschen. Der schlechte Traum gleicht dem Bild, das im Tempel des Baal steht. Stürze das Bild! Zerschlage den Altar davor! Laß das Haus des Baal schleifen!
ACHAB *(entschieden)*: Es geht nicht an.
ELIJA *(jetzt erst im Ton des Künders)*:

Sowahr ER lebt,
der Gott Israels,
vor dem ich stand und stehe:
nicht kommt Tau noch Regen,
nicht netzt Himmelswasser das Land,
es sei denn auf mein Geheiß.

*Er geht, gebeugt wie unter einer Last, hinaus.*
*Achab verbleibt, den Kopf gesenkt. Nach einer Weile richtet er sich auf und schlägt in die Hände. Der Torhüter tritt ein.*

ACHAB: Der Erinnerer soll kommen.

*Der Torhüter ab. Fast im gleichen Nu tritt der Erinnerer ein und verneigt sich.*

ACHAB: Sag das von Josef und der Hungersnot.
DER ERINNERER: Festgegründet ist die Sache bei Gott
und Gott eilt, sie zu tun.
Jetzt aber ersehe Pharao sich einen Mann, verständig und weise,
den setze er über das Land Ägypten.
Pharao tue dies, daß er Verordnete über das Land ordne
und wappne das Land Ägypten in den sieben Jahren der Sättigung.
Häufen sollen sie allerart Speisevorrat diese kommenden guten Jahre,
Korn speichern unter Pharaos Hand in den Städten als Speisevorrat und verwahren.
So sei der Speisevorrat ein Sparverordnetes dem Land
auf die sieben Jahre des Hungers, die im Land Ägypten sein werden,
daß das Land nicht gerodet werde vom Hunger.
ACHAB *(zu sich)*: Es ist zu spät. *(Er schlägt in die Hände, der Torhüter tritt ein.)* Der Versorger soll kommen.

*Der Torhüter ab. Fast im gleichen Nu tritt der Vorsorger ein und verneigt sich.*

ACHAB: Man soll Speisevorrat speichern. Man soll neue Vorratskammern bauen und sie füllen. Es ist spät geworden, nicht wahr?
DER VORSORGER: Ja, Herr, es ist spät geworden.
ACHAB: Aber unverzüglich soll man alles tun.
DER VORSORGER: Es soll geschehn.

*Achab winkt den Beamten ab, die hinausgehen, und schlägt in die Hände. Der Torhüter tritt ein.*

ACHAB: Der Berater für die Ernährung soll kommen.

*Der Torhüter tritt ab. Nach kurzer Pause tritt der Berater ein.*

ACHAB: Eine Dürre droht.
DER BERATER: Es ist nichts bemerkt worden. Auch vom Tempel des Baal haben wir gute Kunde.
ACHAB: Eine Dürre droht. Es sollen Geheimboten an den König von Tyrus und an den König von Juda abgehen um Korn. Wir bitten, jede Woche Korn zu senden, aber nicht zu viel auf einmal. Die Wagen dürfen nicht als Königswagen erkennbar sein. Den Bittbrief unterzeichne ich selber. Setze deinen besten Schreiber dran!

*Der Berater ab.*

ACHAB *(zum Torhüter)*: Der Hohepriester soll aus dem alten Tempel geholt werden.

*Der Torhüter ab. Ein längere Pause. Dann tritt der Hohepriester ein. Seine Verneigung ist offenbar genau der Vorschrift gemäß. Achabs Gruß ist von scheinbarer Unbefangenheit.*

ACHAB: Wolle veranlassen, daß dem Großen Gott ein Sonderopfer dargebracht werde.
DER HOHEPRIESTER: Wie an dem Bittag des Hüttenfestes, Herr?
ACHAB: Ein größeres.

DER HOHEPRIESTER: Es soll geschehen, Herr.
ACHAB: Die Knaben sollen den Psalm singen: Hilf uns, Du, wie in den Tagen der Vorzeit.
DER HOHEPRIESTER: Es soll geschehen, Herr.

*Er verneigt sich und geht. Achab, der den Gruß erwidert hat, bleibt allein zurück.*

## FÜNFTE SZENE

### AM HANGE EINES AUSGETROCKNETEN WADI

*Auf einer Akazie sitzen zwei uralte Raben, Männchen und Weibchen, und ein junger Rabe.*

DER ALTE RABE: Ghuraghu! Ghuraghu!
DIE ALTE RABIN: Raburu! Raburu!
DER JUNGE RABE: Krax!
DER ALTE RABE *(singend)*: Als ich aus Noahs Kasten flog,
DIE RABIN *(ebenso)*: Und ich blieb allein zurück,
DER ALTE RABE: Mal um Mal aus dem Kasten,
DIE RABIN: Und ich blieb allein zurück,
DER ALTE RABE: Bis die Wasser sanken,
DIE RABIN: Und ich flog dir nach,
DER ALTE RABE: Da war mehr Speise zu finden als heute auf dem Acker von Israel.
DER JUNGE RABE: Wenn sich alles so begeben hat.
DER ALTE RABE: Meinst du, ich lüge, du frecher Eintagsspatz?
DER JUNGE RABE: Das ist nicht, was ich meine. Aber die Tatsache steht fest: je länger ein Gedächtnis währt, um so üppiger wirds.
DER ALTE RABE: Erdreistest du dich zu behaupten, die Flut sei nicht gewesen?!
DER JUNGE RABE: Flut schon, Fluten hat es wohl immer wieder gegeben, aber eine Flut über die ganze Erde? Das ist sehr unwahrscheinlich. Andre Länder, andre Bedingungen. Andre Bedingungen, andre Geschicke.
DER ALTE RABE: Grünschnabel!
DER JUNGE RABE: Mein Schnabel ist schöner als der deine, das weiß im Rabenvolk jedes Kind. Krax! Und daß es um die Länder

verschieden steht, geht doch bündig daraus hervor, daß in das ausgedörrte Samarien Kamelladungen von der Ebene Judas kommen. Die haben eben Regen im Überfluß und sind der Saaten sicher.

DER ALTE *(unwillig)*: Woher willst du das alles wissen?

DER JUNGE RABE: Wir Jungen haben eben unsere Verbindungen. Kraxkrax!

*Aus dem Wadi ist Elija ans Ufer gestiegen und geht zur Akazie. Die Raben hüpfen auf einen tieferen Ast nieder.*

ELIJA: Gott zum Gruß, ihr Rabenleute!

DER ALTE RABE: Gott zum Gruß, Künder! Speise aus dem Garten haben wir dir wieder gebracht. Da liegt sie in der Baumhöhlung.

DER JUNGE RABE: Im Eden fragen die Tiere: »Wem bringt ihr all die Speise?« Und dabei hat mans ihnen schon so oft gesagt. Dumm sind die Tiere.

ELIJA: Wer bist du, junger Bursch? Dich habe ich noch nicht gesehn.

DER JUNGE RABE: Es ist wahr, ich mache diese Reise zum erstenmal. Ich bin der Stellvertreter des weisen Kurkir, der erkrankt ist. Ich bin Puschkanza der Kühne.

ELIJA: Habt ihr Nachrichten aus dem Gilead?

DER JUNGE RABE: Ich habe Nachricht! Die da wissen nichts.

ELIJA: Hast du Nachricht von meinen Ziegen?

DER JUNGE RABE: Deine zwölf Ziegen sind wohlversehn, sie haben schöne Weide.

ELIJA: Habt ihr Nachricht aus Samarien?

DER JUNGE RABE: Ich habe Nachricht. Samarien verdorrt, aber die Reichen werden versorgt. Den Armen wird freilich knapp zugemessen. Geld muß man eben haben, ohne Geld gehts nicht bei den Menschen.

ELIJA: *(zu sich)*: Ich darf nicht länger verweilen. *(Er ergreift den Stekken und entschreitet, ohne die Speise berührt zu haben.)*

DER JUNGE RABE: Der ist ja von der Tarantel gestochen! Er rennt in sein Verderben! Krax!

*Die alten Raben sehen einander schweigend an.*

## SECHSTE SZENE

### In einem Wäldchen an der sidonischen Küste

*Elija sieht sich mühselig um.*

ELIJA *(zuerst stammelnd, allmählich etwas freier)*: Herr, Herr, was geschieht an mir! Wohin haben mich nun deine Sturmvögel vertragen! Durchs samarische Land war ich gewandert, Haus um Haus hab ich beäugt – überall starrt mir der Hunger entgegen. Und wie auf der Gasse ich mich hinwerfe vor dich und murre zu dir, fassen mich die Riesenschnäbel am Gurt, rechts und links am Gurt, und es trägt mich durch die hohen Lüfte, hierher, in die fremdeste Fremde. Warum hinweg? Warum hierher? Ich habe deinen Auftrag getan, auch geborgen hab ich mich nach deinem Befehl, und nun springst du mit mir um wie ein Sklavenhalter.
DIE STIMME *(leise)*: Du hast die Gabe meiner Diener, der Raben, verschmäht.
ELIJA: Der Hunger der Welt hat mich gerufen.
DIE STIMME: Mache deine Augen auf! Was siehst du?
ELIJA: Ein Weib liest dürres Holz auf.
DIE STIMME: Sprich sie an.
ELIJA: Was soll ich sagen?

*Keine Antwort.*

ELIJA *(zum Weib)*: Gott mit dir, Weib!
DAS WEIB: Alle guten Geister mit dir, fremder Mann!
ELIJA: Wo wohnst du?
DAS WEIB: Mein Haus steht dicht am Tor.
ELIJA: Ich bin müde von langer Wanderung. Bring mir doch eine Kanne Wassers, daß ich den Staub vom Angesicht wasche und den Durst lösche.

*Das Weib geht und kehrt mit einem Wasserkrug zurück. Elija benetzt sein Gesicht und trinkt.*

DAS WEIB: Du bist gewiß auch hungrig, Wanderer.
ELIJA *(zögernd, wie beschämt)*: Ich bin hungrig.
DAS WEIB: Kehr bei mir ein und ich will dir einen Ölkuchen bakken. Dann magst du ruhn, eh du weiterziehst.

*Elija geht mit ihr durchs Tor und ins Haus. An der Tür kommt ihm ein siebenjähriger Knabe entgegen und schaut ihn groß an. Das Weib entfernt sich.*

DER KNABE: Wer bist du, fremder Mann?
ELIJA: Ich bin ein Wanderer.
DER KNABE: Der große Gott, El der Weise und Gerechte, sei mit dir, lieber Wanderer!
ELIJA *(sich die Augen wischend)*: Gott segne dich, lieber Knabe.
DER KNABE: Warum weinst du?
ELIJA: Die Augen sind mir übergegangen.
DER KNABE: Als ich einmal weinte, hat der Vater gesagt: Augen sind zum Sehen da, nur wenn du nicht mehr sehen kannst, darfst du sie zum Weinen gebrauchen.
ELIJA: Wo ist dein Vater?
DER KNABE: Das ist vor vier Monaten gewesen, da ist einer im gelben Mantel gekommen, ein Bote vom König, vom König von Sidon, und hat zum Vater gesagt: »Ich soll dich mitnehmen, weil du gegen den König geredet hast.« Und nach einer Woche sind die Leute gekommen und haben zur Mutter gesagt: »Wisse, Tanit, dein Mann ist tot.« Der Mann von der Mutter, das ist mein Vater gewesen.
DAS WEIB *(kehrt mit einer Schüssel zurück)*: Sitz hin, Wanderer, und iß. Es munde dir.
ELIJA *(essend)*: Es mundet wundergut.

*Das Weib und der Knabe sehen ihm stehend zu.*

ELIJA *(beendet das Mahl, sodann)*: Willst du denn nicht auch für dich und deinen Sohn backen? Es ist Essenszeit.
DAS WEIB *(zögernd)*: Später.
ELIJA: Ich verstehe dich nicht.
DAS WEIB *(tritt zu ihm und spricht mit gedämpfter Stimme, wie widerwillig)*: Es ist kein Mehl mehr im Scheffel, es ist kein Öl mehr im Krug.
ELIJA: So kannst du doch gewiß bei deinen Nachbarn borgen.
DAS WEIB: Die Nachbarn haben auch nichts mehr. Weißt du nicht, daß alles verdorrt ist im Lande Sidon, im Lande Tyrus und im Lande Samarien, alles verdorrt? Und nun strecke dich hier auf die Bank und ruhe, dann magst du weiterziehn.

*Sie faßt den Knaben an der Hand und geht mit ihm hinaus. Elija hat sich zu Boden geworfen, seine Stirn berührt die Erde.*

ELIJA: Grausamster! Grausamer du als der König von Sidon! Hast dir die Menschenfiguren geschnitzt und spielst mit ihnen das Brettspiel gegen dich selber! Gewinnst dir Figur um Figur ab und schmeißest sie weg! Weh, daß ich dir dienen muß! Weh, daß ich lebe!

*Pause. Er richtet sich halb auf.*

Ein Jüngling war ich, dreimal so alt wie der Knabe, da hast du mich aus dem Schlaf geschreckt. In meinen Mund, vom Schlaf geöffnet, ist dein Atem gefahren. Und du hast mir hineingesprochen, nicht ins Ohr, in die Kehle hinein, aus der Kehle hats mir geschrien: »In den Dienst, in den Dienst genommen! Hüte dich, hüte dich wohl! Du stehst im Dienste des Herrn!« Immer des Weckrufs gewärtig, nie mehr habe ich friedlich geschlafen, immer am Sprung. Und du hast mir keine Ruh mehr vergönnt, wie ein Sklavenhalter hast du mich umgetrieben. Und nun verwendest du mich als Rüde für deine Hetzjagd, ich muß dir helfen, dein Geschöpf zur Strecke zu bringen. Oh, genug und übergenug!

*Langes Schweigen.*

Ich habe dich von je geliebt, Herr. Warum machst du es uns so schwer, dich zu lieben?

*Die Tür wird aufgerissen, das Weib erscheint, in der Rechten den Scheffel, in der Linken den Ölkrug. Hinter ihr, großäugig, der Knabe.*

DAS WEIB: Voll, voll, beides ist voll!

*Elija hat sich vom Boden erhoben, er sieht das Weib unverwandt an. Im selben Augenblick stürzen einige Nachbarinnen von draußen herein, jede trägt Scheffel und Ölkrug in den Händen. Alle gleichzeitig zum Weib: Ich bringe dir Mehl und Öl, ich… Sie merken erst jetzt, was geschehen ist, und brechen verwirrt ab.*

ELIJA: So spricht ER:
Nicht mangels an Mehl mehr im Scheffel,
nicht mangelts an Öl mehr im Krug,
bis ich Regen gebe über das Land.

## SIEBENTE SZENE

*Elija steigt in der Morgendämmerung vom Söller nieder, wo er übernachtet hat, und kommt in die Stube der Witwe. Der Knabe liegt in hohem Fieber auf dem Bett, die Mutter steht davor.*

ELIJA: Wie hat er die Nacht verbracht?
DAS WEIB: Die guten Kräuter haben ihm nicht geholfen. Gegen Morgen ist es noch schlimmer geworden.

*Elija tritt ans Bett und legt dem Knaben die Hand auf die Stirn. Der Knabe wendet sich ihm zu.*

DER KNABE: Kommst du aus der Unterwelt? Hast du den Vater gesehn? Vielleicht hast du ihn nicht erkannt? Der Vater ist ein großer Mann. Die Locken fallen ihm wie dir auf die Schultern.
ELIJA: Dein Vater hat den Frieden. Der ist schöner als das schönste Spiel.
DER KNABE: Ich bin an der Pforte gewesen, ich habe geklopft. Hu Hu hat einer gerufen. Man hat mich nicht eingelassen.
ELIJA: Es ist noch zu früh. Aber ich komme bald hin und werde nach deinem Vater fragen.
DER KNABE: Dann bin ich zum König gegangen. Das Tor stand offen, ich bin hinein und gradaus. Da hat wer auf dem Thron gesessen. Aber das war ein Räuber. Ich hab ihn an den Augen erkannt. Spiel nicht mit dem roten Jungen, hat die Mutter einmal zu mir gesagt, er hat gierige Augen. Und dann hat der Junge mir wirklich die große bunte Glaskugel weggenommen. Sag mir, was ich wissen will! Warum sitzt ein Räuber auf dem Thron? Da müssen sich die Leute ja fürchten. Ich fürchte mich sehr. Da ist der Räuber! *(schreiend)* Da, da, da! Mutter!
DAS WEIB: Ja, kleiner Mann, ich bin bei dir. Er darf dich nicht anrühren.

ELIJA *(zum Weibe)*: Ich gehe aus der Haustür und will auf sie das heilige Zeichen malen, daß der Verderber nicht eindringen kann. *(Er geht hinaus.)*
DER KNABE: Mutter, ich hab einmal gehört, wie die Leute sagten: »Man hat ihn ans Holz gehenkt.« Wen, wen? Was ist das, einen henken?
DAS WEIB: Schlaf, Kind, schlaf!

*Man hört Schakale ums Haus heulen.*

DER KNABE *(richtet sich auf)*: Hörst du sie, Mutter! Der Räuber hat sie geschickt, sie sollen mich holen, weil ich gegen ihn geredet habe. Ich will hingehn zu El, dem Weisen und Gerechten, und sie verklagen. Ich finde ihn nicht, wo ist er? Laßt mich durch, laßt mich durch! Mutter, überall sind die Räuber!

*Er fällt zurück und stirbt.*

DAS WEIB *(tritt ans Bett, sieht dem Knaben in die Augen und schreit auf)*: Dahin!

*Kurze Pause. Elija tritt ein und bleibt an der Tür stehn.*

DAS WEIB *(zu Elija)*: Tot, auch er!
ELIJA: Der Herr hats gegeben, der Herr hats genommen, der Name des Herrn sei …

*Er bricht ab und senkt schweigend den Kopf.*

DAS WEIB: Ich gehe jetzt zum Nachbarn Zimmermann. *(Sie will gehen.)*
ELIJA: Halt ein! Reich mir den Knaben!

*Das Weib starrt ihn an. Elija nimmt den Knaben in die Arme, trägt ihn auf den Söller und legt ihn auf sein eigenes Lager.*

ELIJA: Ich kann nicht mehr bitten. Alles habe ich weggegeben. Ich habe nichts mehr als mein Leben.

*Er streckt sich über dem Knaben aus, holt tief Atem und bläst den Atem dem Knaben in die Nase, dann erhebt er sich. Schweigen.*

ELIJA: Und ER, Gott, bildete den Menschen aus Staub vom Acker,
er blies in seine Nasenlöcher den Hauch des Lebens,
und der Mensch wurde zum lebenden Wesen.

*Er streckt sich wieder über dem Knaben aus und wiederholt die Handlung, dann erhebt er sich. Schweigen.*

ELIJA: So ist der Mensch Herr seines Atems geworden.

*Er wiederholt die Handlung zum drittenmal und spricht zum Knaben:*

Nimm mein Leben und lebe!

DER KNABE *(erwacht und lacht laut auf)*: El hat zu mir gesprochen: »Ich habe den Räuber verprügelt und weggejagt. Da hast du meine große bunte Kugel, spiel mit ihr!«

*Elija nimmt ihn auf den Arm und trägt ihn hinunter.*

## ACHTE SZENE

### GESTIRNTE MONDNACHT

*Elija wandert auf einem verwachsenen Weg im nördlichen Samarien.*

ELIJA *(singt vor sich hin)*: Tiere und Menschen laufen sich müd,
nachts ist Ruhe ihnen bestellt,
die Ruhe ist gut.
Sterne und Elija laufen sich nicht müd,
zu laufen sind sie bestellt,
das Laufen ist gut.

*Eine Reiter kommt ihm entgegen. Es ist Owadja, der Oberste der Leibwache. Sowie er Elijas ansichtig wird, springt er vom Pferd und verneigt sich.*

OWADJA: Du bist es, Meister! Sei gegrüßt mit dem Gruße des Herrn.
ELIJA: Friede sei mit dir. Ich habe dich am Hofe gesehn. Du bist Owadja, der die Künder des Herrn vor Isebels Zugriff bewahrt hat. In einer Höhle, wie ich vernahm, hast du sie ernährt, bis sie nach Juda fliehen konnten. Sind sie hingelangt?
OWADJA: Alle bis auf einen, der sich selber versteckt hat. Jung ist er noch. Ich weiß, wo er ist. Er hat nicht fliehen wollen.
ELIJA: So gib ihm jeweils Kunde, wo ich weile. Ich werde es dich wissen lassen. Aber ich werde wohl erst nach einer Zeit ihn brauchen. Und nun sprich, wohin ziehst du?
OWADJA: Ich habe den König auf einem Ritt begleitet, und wie der Ritt sich übers Gewöhnliche dehnte, ging uns Spreu und Hafer aus. Und da lachte er, denn zu lachen liebt er, wenns dem andern nicht danach steht, und sagte: »Höre, kleiner Owadja«, denn so liebt er zu mir zu reden, »wir dürfen hungern, denn wir sind Menschen und wissen, es geht uns noch nicht an den Kragen, aber

die Rösser, die nichts wissen, dürfen auf keinen Fall hungern. So geh du des Wegs hier und suche, wo du etwas Grün sprießen siehst, und ich will auf diesem andern Weg da gehn und suchen.« Aber ich habe nichts gefunden.
ELIJA: So kehre um und sprich zu ihm: »Siehe, Elija ist hier«.
OWADJA: Meister, es ist dir wohl kund, wie sie nach dir haben fahnden lassen in allen Völkern und Ländern ringsum und haben überall den Eid abgenommen, und du warst nicht zu finden. Und nun, wenn ich den König hierher führe und du bist verschwunden, denn der Sturm des Herrn hat dich vertragen wer weiß wohin, wird der König mich mit eigner Hand töten, denn er meint dann, man wolle ihn narren. Ich aber – den Tod zwar scheu ich nicht, aber *so* will ich nicht sterben.
ELIJA: Sowahr ER lebt, der Herr der himmlischen Scharen, vor dem ich stand und stehe, heute werde ich Achab sehn.

*Owadja steigt zu Pferd und reitet den Weg zurück.*

ELIJA *(singt vor sich hin)*: Sterne und Elija laufen sich nicht müd,
zu laufen sind sie bestellt,
das Laufen ist gut.

*Achab und Owadja kommen. Achab reitet dicht an Elija heran, Owadja bleibt in einiger Entfernung zurück.*

ACHAB: Bist du es, Zerrütter Israels?

*Elija legt die Hand auf den Hals des Pferdes. Das Pferd bäumt sich und wiehert unter seiner Berührung fröhlich auf.*

ELIJA: Als dein Vater Omri seine Rivalen besiegt hatte und gekrönt wurde, standest du im Palast, ein zwölfjähriger Knabe, und wundertest dich, was da mit dem Vater geschah. Plötzlich sahst du einen uralten Mann vortreten und Omri anreden. Das ist Achija der Hochgelobte gewesen. Du hörtest, wie er zu deinem Vater sprach: »Laß mich dich salben, wie es der Brauch ist, denn der

Herr des Himmels und der Erde ist es, der dir Sieg und Herrschaft verlieh.« Dein Vater beugte das Haupt, der Uralte goß ihm Öl aufs Haupt und sprach: »Ich salbe dich zum Statthalter des Herrn über Israel, daß du in seinem Namen sein Recht aufrichtest über dem Land.« Du hast es gehört. Und du weißt, was dein Vater und du all die Tage eurer Königschaft getan habt. Und nun redest du zu mir: »Bist du es, Zerrütter Israels?«

*Schweigen.*

Jetzt aber heiße die Künder des Baal, die an deinem Hofe wimmeln und die Brocken auflesen, die von Isebels Tisch fallen, sich am Hange des Karmel versammeln. Denn Gericht halten will ER, eh er wieder Regen gibt über das Land.
ACHAB: Du redest, als hättest du zu gebieten.
ELIJA: ER gebietet.

*An dem schier wolkenlosen Himmel ein Wetterleuchten. Dann fährt der Blitz in einen toten Baumstrunk am Weg. Die Flamme schlägt hoch auf. Achab fällt als erster auf die Knie, nach ihm die beiden andern.*

# NEUNTE SZENE

## GEGEN MORGEN

*Achab und Isebel in einem der inneren Gemächer.*

ACHAB: Es ist unabwendbar, die Götter müssen sich miteinander messen. Sie müssen es ausfechten.
ISEBEL: Du bist von Sinnen. Wie kannst du einem großen Himmelsgott zumuten, sich so einem, so einem Schulmeister zu stellen!
ACHAB: Das Volk muß zu seinem Regen kommen. Ein volles Jahr schon hat die Dürre gedauert. Das Aufbegehren der Leute beginnt mir verdrießlich zu werden.
ISEBEL: Ich habe Botschaft von meinem Vater empfangen. Der Baal, der all die Zeit zürnte, weil er hier die Nebenbuhlerschaft solch eines Wichts erdulden muß, hat sich nun, als er diesjährig aus der Unterwelt aufstieg, erbitten lassen, Regen zu spenden.
ACHAB: Wohl, so braucht er ja nur dem Volk zu zeigen, wer er ist und was er kann. Auf das Spektakel können wir keinesfalls verzichten.

## ZEHNTE SZENE

AUF EINEM PLATEAU AM HANGE DES KARMEL
ES IST HELLER MORGEN

*Auf der einen Seite bilden die Scharen der Baalskünder ein Halbrund um einen Altar, vor ihnen ein Sprecher. Ihnen gegenüber steht Elija allein. Darüber auf einer Terrasse Achab auf einem tragbaren Thron. Auf einer tiefer liegenden stufenförmigen Fläche ist das Volk versammelt.*

ELIJA *(steigt zum Volk hinab und redet es an)*: Wie lange noch versucht ihr auf zwei Zweigen zugleich zu hüpfen, wie der Vogel, der auf dem Ast bis über die Gabelung getrippelt ist?

*Das Volk schweigt.*

Gott könnt ihr nicht und den Götzen zugleich dienen. Der, von dem allein der Segen der obern und der untern Gewalten kommt, ER, der Herr, teilt nicht mit dem Nichtigen die Macht. Wer sich anmaßt, was Gottes allein ist, eine Weile läßt er den gewähren, dann zerpflückt er ihn zwischen den Fingern, und nichts bleibt davon als in der Luft ein Geruch von Schalheit.

*Das Volk schweigt.*

Zeitlebens habt ihr Gott im Munde geführt und habt dem Baal gedient. Wer zu sein begehrt, dient dem seienden Gott, wer aber haben will und mehr haben und noch haben, dient dem Baal. Zu Recht heißt er Baal, Besitzer, und ist nichts andres als das eitle Nichts, das den leeren Wanst mit Besessenem füllt. So, wenn von euch einer ein Weib gefreit hat, nennt er sich den Baal des Weibes, besitzen nur will er sie und seinen Besitz genießen. Zeit ists, zwischen Gott und dem Baal zu wählen!

*Das Volk schweigt.*

*Elija steigt zu den Baalskündern hinauf.*

ELIJA *(zu den Kündern)*: Ihr alle da, seid ihr Künder des tyrischen Baal?

DER SPRECHER: Befehl haben wir, dir Rede zu stehen. So wisse, Diener sind wir Baals des Gewaltigen, dessen großer Tempel in Tyrus steht. Künder habt nur ihr uns benannt, als wir mit der Herrin Isebel herkamen. Was vom Himmel zur Erde niedergeht, hält Baal der Gewaltige in Hut, die Wolken und den Regen. Er sendet die Himmelsfluten. Und was immer sie speisen, Bäche und Ströme, und das Grundwasser unter dem Boden, all das ist ihm untertan. Mit dem Wasser befruchtet er Himmel und Erde, Götter und Menschen erhält er. So ist oben und unten sein Reich.

ELIJA: Jahrüber also läßt er den Regen niedergehn?

DER SPRECHER: Zur Zeit der Sommersonnenhöhe muß Baal in die Unterwelt steigen, die Götter und wir streuen uns Asche aufs Haupt und klagen die Trauerklage. Zur Zeitwende aber kehrt er als Herr des Regens in den Himmel zurück.

ELIJA: Was ists aber mit der Rede der Leute von unzähligen kleinen Bealim, die überall hausen, wo Wasser sich birgt oder entspringt, jeder Baal mit seiner Baalath, und treiben was sie treiben, und die Leute mühen sich, die Paarung der Bealim zu steigern, des Wassers für die Felder wegen?

DER SPRECHER: So fabelt das gemeine Volk, unfähig, Baals Größe zu ermessen.

ELIJA: Was wehrt ihr euch aber dagegen, Baalskünder genannt zu werden?

DER SPRECHER: Reden hält Baal der Gewaltige nicht an seine Diener, wie ihrs von eurem Gott berichtet. Durch vielerlei Berührung teilt er uns beides mit, seinen Willen und seine Huld. Wir freilich rufen ihn an, nach Menschenart eben, er aber erwidert uns ohne Laut. Ihr Israel-Künder vermeint mit Göttern reden zu können, als wären sie Menschen.

ELIJA: So ruft denn den Baal nach eurer Weise an. Die Stunde ist da.
DER SPRECHER: Merken sollst du, daß wir uns bezähmen. Mehr sagen wir dir nicht, als daß es dir nicht zusteht anzuordnen, was wir zu tun haben.
ELIJA: Ich ordne nicht an, frei stelle ich euch, von eurem Herrn zu erbitten, daß er euer Opfer annehme. Danach erst will ich meinen Herrn angehn, er möge sich auf dem Berge Karmel offenbaren.
DER SPRECHER: Wir gehen ans Werk.

*Dreimaliger Tanz der Baalsdiener, während das Opfer dargebracht wird. Nach dem ersten und dem zweiten eine Pause. Der Tanz wird immer wilder. Beim dritten haben alle Spieße und zweischneidige Schwerter in den Händen, mit denen sie unter Geschrei sich Wunden zufügen, worauf sie zu Boden stürzen.*
*Eine lange Pause.*
*Elija, der die Zeit über, den Kopf zwischen den Knien, an der Erde kauerte, erhebt sich und winkt die Knaben herbei, die vor dem Volk stehen.*

ELIJA: Tretet heran! Wir richten Gottes zerscherbten Altar wieder auf. Zwölf dieser Steine nehmt, nach der Zahl der Söhne Jaakobs, und baut den Altar mit mir! Zieht um ihn eine breite Rinne!

*Es geschieht. Elija schichtet das Opferholz auf den Altar und legt den Opferfarren darauf.*

ELIJA: Stellt vier Krüge auf!

*Es geschieht.*

ELIJA: Wasser halten die Krüge. Schüttets aufs Holz!

*Es geschieht.*

ELIJA: Wiederholt es nochmals und abermals, bis zwölf Krüge Wassers aufs Opferholz geschüttet sind!

*Es geschieht.*

*Der Altar und die Rinne um ihn sind vom Wasser überflutet.*

ELIJA: Gott der Geister in allem Fleisch!
Wie dem Abraham, als er sich anschickte, dir den Sohn zu opfern, so hast du jedem, der sich dir selbst als Opfer schuldet, gewährt, dir an seiner Statt das Tier darzubringen. *(Er legt seine Hand auf den Kopf des Farren und spricht)*: Dieser Kopf ist Elijas Kopf.

*Dann wiederholt er die Handlung und den entsprechend abgewandelten Spruch an den andern Körperteilen des Tiers: Dieser Leib ist Elijas Leib, diese Glieder sind Elijas Glieder.*

ELIJA: Du sprachst das Wort und alles ward,
du sprichst das Wort und alles wird,
Feuer und Wasser schufst du mitsammen
und schufst Frieden zwischen ihnen
über allen Streit hinaus –
in ihnen, die du schufst, offenbare dich!

*Feuer fällt nieder und verzehrt das Opfertier, das Holz, die Steine und das Wasser in der Rinne.*

DAS VOLK *(niederfallend)*: ER ist der Gott.

*Die Baalsdiener enteilen.*

ELIJA *(zu einem der Knaben)*: Komm mit mir!

*Sie steigen hinan.*

*Elija kauert wieder nieder, den Kopf zwischen den Knien.*

ELIJA *(zum Knaben)*: Steige zum Gipfel auf und schaue nach dem Meer aus.
DER KNABE *(steigt hinauf)*: Es ist nichts zu sehen.
ELIJA *(in der gleichen Haltung, den Kopf nur leicht hebend)*: Noch einmal!

*Der Vorgang wiederholt sich, im ganzen siebenmal. Nach der sechsten Antwort des Knaben steht Elija auf.*

ELIJA: Verborgener und Offenbarer! Brich den Bann, den du banntest! *(zum Knaben)*: Noch einmal blick zum Meer aus!
DER KNABE: Eine Dunstwolke, wie eine Mannsfaust klein, steigt vom Meer auf.
ELIJA *(hinunterrrufend)*: König Achab, fahr zu, der Regen kommt über dich. Als dein Herold laufe ich vor dir her und sage dich dem Lande an.
DAS VOLK *(unten, schreit)*: Regen, Regen, Regen!

## ELFTE SZENE

AUF DEM FLACHEN DACH VOR OWADJAS LANDHAUS IN TIRZA

*Elija wartend auf einem niederen Lager. Vor ihm steht Owadja.*

OWADJA: Erst jetzt habe ich Samaria verlassen können. Den ersten Tag nach der Niederlage des Baal ist die Herrin Isebel tobend durch den Palast gerannt. Einen der Diener nach dem andern hat sie angeschrien, dich solle er sogleich gefesselt vor sie bringen, aber von jedem bekam sie die gleiche Antwort, du seist, wie allen bekannt, verschwunden. Die tyrischen Sklaven sind geflohen, nur die Frauen, die sie aus Tyrus mitgebracht hat, sind bei ihr geblieben. Gestern aber ist Botschaft von Ethbaal zu ihr gelangt, er könne uns für den bevorstehenden Feldzug keine Hilfstruppen senden, denn er brauche das ganze Heer, um seine eigne Grenze gegen die Aramäer zu schützen.

*Elija richtet sich auf.*

OWADJA: Man hat dir wohl berichtet, daß Ben-Hadad von Damaskus ein starkes Heer an der Grenze Israels zusammengezogen hat.
ELIJA: Ich habe nichts erfragt.
OWADJA: Da Achab sich ihm nicht freiwillig zum Vasallen hergibt, will er ihn auf dem Schlachtfeld niederzwingen. Seine Heeresmacht ist bedrohlich. Wir sind schlecht vorbereitet. Der König, wie du ihn kennst, ist sorglos gewesen.

*Pause.*

ELIJA: Sag mir doch, was ist dir von jenem jungen Künder bewußt, von dem du einst sprachst, dem, der nicht nach Juda entwichen ist?

OWADJA: Du meinst Michaja, den Sohn Jimlas. Ich habe ihn von unterwegs hierher gebracht.
ELIJA: Daran hast du recht getan. Schick ihn zu mir.

*Owadja geht. Bald danach tritt Michaja ein. Um seine Stirn, die kein Kündermal trägt, ist ein bleierner Reif gelegt. Die blonden Locken fallen ihm tief über die Schultern.*

MICHAJA *(verneigt sich)*: Im Namen unseres Herrn sei gegrüßt, Meister.
ELIJA: Sein Friede sei mit dir, mein Sohn. Ich habe dich rufen lassen, damit du mir sagest, warum du nicht entwichen bist.
MICHAJA: Willst du, daß ich mit dem Anfang beginne?
ELIJA: Das will ich. *(Er weist auf einen Sitz, den Michaja einnimmt.)*
MICHAJA: Als ich noch ein Knabe war, kam es über mich, daß ich mich besinnen mußte: was mag das doch sein, das sich zwischen IHM und Israel zugetragen hat, seit er uns aus Ägypten ziehn ließ? Was ist es, habe ich gesonnen, um dieses Volk? Es hat die Huld seiner Wunder empfangen und ist ihm nie wahrhaft gefolgt! Da ists mir aufgegangen. Immer hats hier beides gegeben, beide beieinander und widereinander – den untreuen Schwarm und die Schar, die Treue hielt. Das, eben das, verstand ich, heißt Israel, Ringen um Gott. Nicht jedoch damit zwei seien, jene und diese, sondern eines allein, Volk Gottes. Aber wie, wie soll das werden? *(Er hält inne.)*
ELIJA *(nach einer Weile)*: Sprich weiter, mein Sohn.
MICHAJA: Da habe ich mich zum Nasiräer geweiht und habe allem abgesagt, was mich verleiten könnte, mich drum mehr als um Gott zu bekümmern. Ich habe mir die alten heiligen Gesänge vorsingen lassen und habe sie dann immer wieder in der rechten Weise gesungen, eben als Kampflieder.
Die Künder des Herrn haben mich in ihren Kreis aufgenommen, aber ich habe mich geweigert, mir das Mal einritzen zu lassen, denn ich bin kein Künder, nie hat mich die Stimme heimgesucht,

und ich erwarte sie nicht. Altersgenossen habe ich um mich gesammelt, denen es so ergangen war wie mir, eine kleine Schar, in die Wälder sind wir gelaufen und Kampfspiele haben wir dort gespielt.

ELIJA: Kampfspiele, sagst du, mein Sohn – gegen wen wolltet ihr kämpfen?

MICHAJA: Wissen wirs denn, Meister? Wir mußten es eben tun. Und einmal, als ich in der Versammlung der Künder war, die mich in ihrem Kreise duldeten, haben die Häscher der Isebel uns aufgespürt, aber Owadja ist ihnen zuvorgekommen und hat uns durch einen Geheimgang hinweggeführt. Alle sind nach Juda entkommen, nur ich bin im Nordreich geblieben, weil ich kein Künder bin. Künder müssen sich retten, damit die Hand des Herrn sie verwende, aber der Kampfgeweihte ist hingestellt, wo er steht.

ELIJA: Und deine Gefährten?

MICHAJA: Sie kommen, wie einst, in den Nächten zu mir in den Wald, und wir spielen unsre Spiele wie zuvor, nur leiser, und mit den Liedern halten wir es anders, wir sprechen sie, statt sie zu singen. Und wir nennen uns die Söhne der Künder. Auch sind uns im ganzen Lande Freunde zugewachsen.

*Elija tritt zu ihm hin und hebt ihn an beiden Armen empor. Sie stehen einander gegenüber.*

ELIJA *(nach einer Weile)*: Ein hartes Werk ist dir zugedacht, mein Sohn.

MICHAJA: Was soll ich tun?

ELIJA: An der Grenze steht Ben-Hadad von Damaskus mit einem starken Heer. Achab ist ihm nicht gewachsen. Vor den Hügeln Samariens werden der syrische König und seine Heerführer, wie sie zu tun pflegen, wenn siegesgewiß sie sich zum Morgenangriff gerüstet haben, in die Nacht hinein im vordern Prachtzelt zechen, bis sie berauscht sind. Auch den Soldaten werden sie ein scharfes Getränk zubereiten lassen, damit sie sich freuen. Nun denn, wenn

die Herren im trunknen Schlaf liegen, kommt ihr, du und deine Gefährten, herangeschlichen, bindet sie und tragt sie hinweg. Owadja mit den Seinen wird für das weitere sorgen.
MICHAJA: Meister, Meister! Was forderst du von mir!
ELIJA: ER hat das Volk aus der Hungersnot gezogen, die er über es geschickt hat. ER hat Achab von neuem an die Gabelung gestellt. ER hält heute seine Hand über Achab und gibt ihn dem Aramäer nicht preis. ER will, daß, was geschehen soll, durch den Willen und die Tat von Menschen geschehe. Ihr seid ihm zubereitet. Geht, mein Sohn, und tut euer Werk um des Herrn willen, der inmitten unserer Makel Wohnung nimmt.

*Michaja verneigt sich und geht.*

# ZWÖLFTE SZENE

## Am nächsten Morgen

*Elija geht auf dem Dache mehrmals auf und nieder, dann setzt er sich. Owadja kommt.*

OWADJA: Es ist alles so vor sich gegangen, wie du angeordnet hattest. Jetzt sitzen sie Achab gegenüber. Es wird verhandelt. Es steht gut. Ben-Hadad will die Städte zurückgeben, die er Omri abgenommen hat, und Handelsfreiheit will er uns zugestehen.
ELIJA: Wo ist Michaja?
OWADJA: Er ist nur bis ans Lager mit uns gekommen, dann ist er in seinen Wald gelaufen.
ELIJA *(legt den Kopf in die Hand, zu sich)*: Michaja, mein armer Sohn!

## DREIZEHNTE SZENE

### Ein Saal im königlichen Lustschloss in Jesreel

*Achab und Isebel.*

ISEBEL: Es sind nun bald drei Jahre, daß der Gott der Israelleute uns nicht mehr mit seinen ungewaschenen Sittenpredigern belästigt. Seit er damals den kürzeren zog, weil er nichts vorzuweisen hatte als sein unnützes Feuerwerk, der Baal aber willfahrte seinen Dienern auf ihrem Bittzug und beendete die Dürre...

ACHAB *(sie unterbrechend, lacht)*: Steht das also nunmehr derart fest? Du hast es früher nicht so bestimmt gewußt.

ISEBEL: Nie habe ich daran gezweifelt, daß mein Herr der Sieger war. Und du, wärst du ein echter König, du würdest dich nicht mit dem Pöbel gemein machen und den albernen Geschichten Glauben schenken, die sie sich von den Zauberkünsten ihres Abgotts erzählen. Wenn dus nur endlich fertig brächtest, ein wirklicher Fürst zu sein, wiewohl dein Großvater noch ein Schafzüchter gewesen ist, wir würden unsre Macht unbehelligt genießen können. Aram ist zur Vernunft gebracht, Moabs Übermut ist gedämpft. Sogar Assurs Vormarsch hast du mit deinen Bundesgenossen aufgehalten. Und der König von Juda, dessen Väter unser Reich achtzig Jahre lang zu lähmen gesucht haben, sieht jetzt zu dir als zu seinem großen Bruder auf. Wir sind am Ziel. Dies aller Welt offenbar zu machen, haben wir uns ja dieses Lustschloß erbaut. Tritt zu mir *(sie steht vor einem breiten Fenster)* und sieh mit mir hinaus. Die silbergrünen Gärten, die goldnen Weizenfelder und dort die weiße Kuppe des Tabor – alles, was hier Licht fängt, strahlt unsre Herrschaft in die Welt hinaus.

ACHAB: Wozu der Überschwang? Macht ist da, daß sie wirke, und nicht zum eitlen Ergötzen. *(Er tritt widerwillig ans Fenster und*

*blickt eine Weile hinaus.)* Was soll diese Weinpflanzung am äußern Rand unsers Gartens? Sie paßt nicht hierher. Man soll sie roden und an ihrer Stelle einen Pflanzgarten anlegen.
ISEBEL: Das Stück Land gehört uns nicht. Es gehört einem Bürger von Jesreel, dem Bürger Nabot.
ACHAB: Wie, es gehört nicht dem König? Aber das schneidet ja in unser Eigentum hinein! *(Er geht vom Fenster weg und tritt wieder heran. Dann klatscht er in die Hände. Zum eintretenden Türhüter:)* Der Bürger Nabot soll hier erscheinen. *(Türhüter ab.)*
ISEBEL: Was hast du mit ihm zu verhandeln? Es ist doch offenkundig, daß das Stück Land nach Lage und Sinn ein Teil des königlichen Besitzes ist. Befiehl, einen Erlaß auszurufen, des Wortlauts: »Da es vom Lebensinteresse des Staates erfordert wird, daß der der Krone übergebene Grund und Boden gebührlich abgerundet sei, wird das unter dem Namen Weingarten Nabots bekannte Grundstück dem Staatseigentum einverleibt.«
ACHAB: Das geht nicht an. Der König ist nicht der Staat.
ISEBEL: Wer denn sonst wäre der Staat!
ACHAB: Es geht nicht an. Das Volk würde murren.
DER TÜRHÜTER *(eintretend)*: Der Bürger Nabot hat sich in seinem Weinberghaus angefunden. Sogleich wird er hier sein.

*Isebel zieht sich in den Hintergrund des Saals zurück. Achab bleibt sitzen.*

NABOT (tritt ein und verneigt sich): Ich grüße sie ehrerbietig, König Achab.
ACHAB: Gruß auch dir, Nabot von Jesreel. Ich habe dich rufen lassen, weil dein Weingarten, der sich mitten durch meinen Besitz zieht, dessen einheitliche Bewirtschaftung bedenklich erschwert. Ich möchte das Grundstück von dir erwerben.
NABOT: Es ist mir nicht feil, König Achab.
ACHAB: Es ist nicht feil, sagst du? Was liegt dir daran? Wie du weißt, ist das keine gute Rebe, die hier wächst. Für das Grundstück soll dir ein so hoher Preis gezahlt werden, daß du dir an-

derswo den besten Weinboden dafür kaufen kannst, und im doppelten Ausmaß.

NABOT: Es liegt mir daran, es zu behalten, König Achab.

ACHAB *(ungeduldig)*: Was sagst du?

NABOT: Als die Stämme Israels in Kanaan eingesiedelt wurden, ist dieses Land dem Stamm Menasche zugefallen, der von Jossefs Erstgeborenem herkommt. Damals wurde meinem Ahn seine Hufe angewiesen unter seinen Brüdern. Mein Ahn hat sie bebaut und sein Haus darauf errichtet. Der Weingarten gehört zur Hufe. Ich will ihn nicht missen.

ACHAB: Verstehst du nicht, daß dem König ein Anspruch zusteht, dem ein Bürger sich fügen darf, ohne das eigne Ansehn zu mindern?

NABOT: Wir Bürger haben dir gehuldigt und sind allzeit bereit, dir zu dienen, einen Anspruch aber auf unsern angestammten Boden kannst du nicht wider uns geltend machen.

ACHAB: Genug! Du bist nicht länger aufgehalten.

*Nabot verneigt sich und geht. Achab tritt verdrossen ans Fenster und wieder zurück. Isebel beobachtet ihn.*

## VIERZEHNTE SZENE

### Etliche Tage darauf in Isebels Gemach

*Die Ältesten von Jesreel werden hereingeführt und verneigen sich.*

DIE ÄLTESTEN: Wir legen uns dir zu Füßen, Herrin.
ISEBEL: Seid meinem wohlgesinnten Herzen gegrüßt, Älteste von Jesreel. Setzt euch. Ich habe euch rufen lassen, weil mir ein gräßliches Gerücht zu Ohren gekommen ist. Es ist gewiß nicht wahr, es ist ja zu gräßlich um wahr sein zu können, aber es schien mir geraten, euch zu fragen, wie es sich damit verhält.

*Die Ältesten sitzen verschüchtert und stumm, sehen einander an und schütteln die Köpfe.*

ISEBEL: Man hat mir gesagt, einer eurer Bürger habe den König geschmäht.
DIE ÄLTESTEN *(durcheinander)*: Den König geschmäht? Ein Bürger? Das kann nicht sein.
ISEBEL: Man hat mir gesagt, am gestrigen Abend habe in der Gegenwart von vielen ein Bürger mit Namen Nabot den König geschmäht.

*Betretenes Schweigen.*

EINER DER ÄLTESTEN *(langsam sprechend)*: Dieses Gerücht dürfte seinen Ursprung in einer Äußerung haben, die in der Tat der Bürger Nabot am gestrigen Abend beim Wein getan hat. Es fiel, dünkt mich, die Rede auf die überharten Abgaben, die der König von Assur seinen Untertanen auferlegt. Und da sagte Nabot: »Schwer machen sie uns das Leben, die Könige.« Man braucht jedoch nur die Abgaben in Israel mit denen in Assur zu vergleichen, um zu wissen, wen er im Sinn hatte und wen nicht.

EIN ANDERER *(halblaut)*: Aber er hat hinzugefügt: »Wissen nicht auch wir ein Liedlein davon zu singen?«
DER ERSTE *(streng)*: Das habe ich nicht gehört.
EIN ANDERER: Und mein Sohn hat erzählt, der Sohn Nabots habe ihm einen alten Spruch vorgesagt, den er von seinem Vater gehört habe, darin heißt es vom König von Israel:
Eure Söhne wird er nehmen,
daß er sie für sich zu seinem Gefährt und zu seinen Reisigen versetze,
und um sein Pflugland zu pflügen,
um sein Kriegszeug und sein Fahrzeug zu machen.
Und eure Felder, eure Weingärten, eure Ölbäume, die besten, wird er nehmen,
ihr selber werdet ihm Knechte sein.
DER ERSTE *(streng)*: Du hast dir den Spruch ja gut gemerkt. Aber du weißt wohl nicht, daß es ein Spruch Samuels des Künders aus der Zeit des einigen Reichs ist.
DER ANDERE *(verlegen)*: Nun ja doch, ein alter Spruch, wie ich schon sagte.
ISEBEL: Der Worte bedarf es nicht mehr. Keiner von euch wird von nun an daran zweifeln, daß Nabot den König geschmäht hat. Es ist erwiesen.
MEHRERE ÄLTESTE *(murmelnd)*: Es ist erwiesen.
ISEBEL: Es könnte Jesreel nicht zum Vorteil gereichen, wenn solch ein Verbrechen hier ungeahndet bliebe.
MEHRERE ÄLTESTE *(murmelnd)*: Gewiß zum Vorteil nicht.
ISEBEL: Ich habe gehört, daß das Gesetz Israels Schmähung des Königs mit Steinigung und Einzug des Eigentums bestraft.
MEHRERE ÄLTESTE *(murmelnd)*: Mit Steinigung und Einzug des Eigentums.
ISEBEL: Ihr seid entlassen.

## FÜNFZEHNTE SZENE

### Im Weingarten Nabots · Eine Woche später

*Achab wandelt gesenkten Hauptes durch die Gänge.*

ACHAB *(zu sich)*: Der blutgedüngte Wein – was soll mir das noch!
ELIJA *(tritt ihm unversehens entgegen)*: Zum andernmal hat Er mich von meinen Ziegen genommen und hat mich zu dir gesandt. Oh Achab Sohn Omris! Gemordet habt ihr, du und deine Hure Isebel, und habt auch schon geerbt. Schlechter bist du als sie – mit dem ganzen Leibe bekennt sie sich zu ihrem Baal, du aber führst Gottes Namen im Mund und zuweilen im Sinn und verfällst der Gier. Weh dir, Achab Sohn Omris! Gott hat dich gewogen und zu leicht befunden. *(Er geht).*

## SECHZEHNTE SZENE

### Eine Felsenhöhle am Berge Sinai

*Elija nähert sich, stark ausschreitend, den Stab in der Hand.*

ELIJA: Heiliger Boden, darauf das Volk verdarb! Von IHM aus dem Sklavenjoch befreit, fanden sie in seinem Königsdienst Genüge nicht, haben und handhaben wollten sie IHN als einen baalischen Stiergötzen! So trieb er das Geschlecht der Täter, bis es ausstürbe, vierzig Jahre in der Wüste um. Vierzig Tage bin ich auf geradem Weg zurück zu den Vätern gewandert. Wo es begann, hier will ich sterben.
Herr aller Welten! Du hast mich hin und wider rennen lassen, wie ein Böcklein rennt. Wie ich einst dem grauen Böcklein tat, das sich aus dem Wolfsrachen totwund zu mir schleppte, ich nahm ihm den Kopf zwischen meine Knie und ließ es verhauchen an mir, versage dich mir nicht, an deiner Gnade laß mich so verhauchen!

*Ein Engel erscheint, schwarz geflügelt und gewandet.*

DER ENGEL: Hier ist kein Ort des Sterbens. Alles Gewächs grünt ringsum fort, seit hier der Dornbusch brannte, kein Tier kann hier verenden.

*Der Engel ist im Niedersinken der Dunkelheit verschwunden. Ein mächtiger Sturmwind saust heran und rüttelt am Felsen.*

ELIJA: Im Sturme bist du nicht.

*Der Sturm verweht. Ein Beben erschüttert den Boden.*

ELIJA: Im Beben bist du nicht.

*Das Beben verebbt. Ein Feuer füllt und umzingelt die Bühne.*

ELIJA: Im Feuer bist du nicht.

*Das Feuer erlischt. Das Rauschen der Bäume, die Rufe der Vögel und ein dumpfes Dröhnen aus der Tiefe des Berges, das bisher zu hören war, verstummen. Das Schweigen liegt fühlbar auf allem. Elija ist aufs Angesicht gefallen.*
*Aus dem Schweigen hervor vernimmt man deutlich die leise Stimme, die in der ersten Szene aus der Brust Elijas zu kommen schien.*

DIE STIMME: Ich nahm die Welt auf mich, als ich sie schuf. Ich nahm auf mich, mit ihr zu leiden. Die tief leiden, teilhaftig bin ich ihres Leids, daß sie sich mir nähern können. Durch den Schacht des Leidens zieht die Welt in meinen Schoß.
ELIJA: Herr! Herr!
DIE STIMME: Böcklein, ich nehme deinen Kopf zwischen meine Knie, – nicht daß du an mir verhauchest. Es ist dir nicht bestimmt, hier zu sterben. Steh auf und geh den Wüstenweg zurück! Dienst gibt es für dich. Könige sind abzusetzen, Könige sind einzusetzen, und einen Künder sollst du berufen an deiner Statt.

## SIEBZEHNTE SZENE

### EIN GROSSES FELD IM DORFE ABEL MECHOLA

*Einige junge Bauern pflügen nebeneinander mit Rindergespannen, in den Händen lange Stecken. Der Straße zunächst pflügt Elischa, ein hoher, starker Bauer.*

EINER DER BURSCHEN: Zeit fürs Frühmahl.

*Sie verlassen die Pflüge, holen sich Brot aus den Vorratskörben und setzen sich an den Straßenrand.*

EIN ANDERER: Der Händler, der am gestrigen Abend hier war, hat erzählt, der König habe seine Kleider zerrissen und sitze in Sackleinen auf dem mit Asche und Erde bestreuten Estrich, faste und beklage seine große Schuld.

EIN ANDERER: Das wird eine gute Weile dauern, bis die heruntergeklagt ist! Aber was soll das Volk mit der Königsklage anfangen?

EIN ANDERER: Und was soll das Volk mit dem König anfangen?

EIN ANDERER: Du weißt doch, worin sich ein König von einer Last unterscheidet. Die Last schleppt man, bis man sie über hat, und dann wirft man sie ab, den König schleppt man, bis man ihn über hat, und dann schleppt man ihn weiter.

ELISCHA: Genug des Geschwätzes! Sind wir denn besser als unsere Könige? Ihre Schuld segelt dahin wie Geier in den Lüften, unsre kriecht wie Würmer am Boden. Ihr Frevel ist so feist, weil er sich an unserem mästet. Was scheidet unsre Gier von der ihren? Daß sie keine Macht hat. Sie kehren um zu Gott, und dann kehren sie wie Hunde zurück zu ihrem Gespei – und wir?

*Alle stehen betreten.*

EINER: Wahr ists – aber was tut man?

ELISCHA: Fragst du im Ernst? Dann weißt du die Antwort. Wir pflügen die Scholle, und die Seele liegt brach. Und ich spürs immer dichter vor mir: bald ist kein Verzug mehr. *(Er redet wie unter einem Zwang:)* Der Herr ist daran, Schergen zu bestallen, die werden keines Menschen schonen, ob König ob Knecht, der im Herzen dem Baal gedient hat. Sie sollen noch Könige heißen, aber es sind Schergen. Jetzt werden sie bestallt.

*Schweigen.*

EINER DER BURSCHEN: Es ist Zeit, wieder an die Arbeit zu gehn.

*In demselben Augenblick steht Elija, der des Weges kam und kurz verweilte, hinter Elischa, wirft ihm den abgestreiften Fellmantel über und geht im gleichen starken Schritt weiter. Elischa ist, ohne noch Elija zu sehn, wie rasend aufgesprungen. Jetzt läuft er hinter Elija her.*

ELISCHA: Laß mich nur hingehn, Vater und Mutter küssen, und ich komme dir nach.

ELIJA: Geh nur heim! Was hab ich dir denn getan!

ELISCHA *(wendet sich zu den Burschen)*: Sagt den Eltern, sagt... ich bin in Dienst genommen.

EINER DER BURSCHEN *(ihn anstarrend)*: Was soll mit dem Pflug geschehn?

ELISCHA *(laut lachend)*: Was ihr wollt! Macht aus dem Geschirr ein Feuer, bratet die Ochsen darauf, freßt sie mit Haut und Knochen! Ich bin in Dienst genommen.

*Er läuft Elija, der weitergeschritten ist, nach.*

# ACHTZEHNTE SZENE

## Im Norden

*Auf einer Felsenbank sitzen Elija und Elischa.*

ELIJA: Die Stunde der Zerstörer ist nah. Der Herr hat zu mir gesprochen: »Chasael ist zum König zu salben in Damaskus, Jehu ist zum König zu salben im Samaria, und Elischa sollst du berufen zum Künder, der sie salbe.« Wisse aber, Elischa, Jehu bringt von drinnen und Chasael von draußen Gericht über Israel, denn der Herr macht seinen Bund mit einem Rest und wieder mit einem Rest. Den heiligen Rest erwählt er sich. Dir selber aber ist aufgetragen, das Volk mit deinem Worte zu züchtigen. Jetzt bleibe bei mir die Weile, die ich noch da bin, daß ich dich rüste. Danach wirst du tun, was deines Amtes ist.
ELISCHA: Ich bleibe bei dir.

## NEUNZEHNTE SZENE

### Am Tor von Samaria

*In einer großen Tenne sitzen auf erhöhten, thronartigen Stühlen Achab und Jehoschafat von Juda in Staatsgewändern. Um sie ihr Gefolge. Vor ihnen ist die große Schar der Hofkünder versammelt.*

ACHAB *(zu Jehoschafat)*: Ich habe alle Künder des Herrn geladen, um deinem Wunsch zu willfahren, daß der Mund des Herrn befragt werde, ehe wir gemeinsam ins Feld ziehn, Aram das uns geraubte Ramoth im Gilead wieder abzunehmen.
JEHOSCHAFAT: Ich weiß dir Dank, mein Bruder, daß du in dieser Stunde bereit bist, dem Brauch von Jerusalem zu folgen.
ACHAB *(zu den Kündern)*: So sprecht denn, Männer des Herrn, soll ich in den Kampf um Ramoth ziehen?
DIE KÜNDER *(unisono)*: Zieh getrost. ER gibts in des Königs Hand!
JEHOSCHAFAT *(von dem Chorgeschrei sichtlich angewidert)*: Gibt es nicht bei euch einen freien Künder des Herrn, daß wir auch ihn befragen?
ACHAB *(leicht verlegen)*: Die freien Künder, die bei uns waren, sind unduldsame Eiferer gewesen, sie haben die Künder des großen Baal von Tyrus derart befehdet, daß wir die schützen mußten. Danach haben sie sich zerstreut und man hat nichts mehr von ihnen gehört. Aber der Oberste meiner Leibwache, der für sie einzutreten pflegte, mag etwa wissen, wo sie zu finden sind. *(Zu Owadja gewandt:)* Kannst du uns etliche von ihnen herbeischaffen?
OWADJA *(zögernd)*: Sie sind außer Landes gegangen. Aber es gibt hier einen, der sich zu ihnen gehalten hat, Michaja Sohn Jimlas mit Namen. Er hat sich im Walde hinter dem Tor eine Hütte gezimmert.
ACHAB: Was treibt er im Walde?

OWADJA *(zögernd)*: Es heißt, er zeichne die alten Heldenlieder aus der Zeit der Richter auf, die er alle hersagen kann.
ACHAB: Aus der Zeit der Richter, wahrhaftig? Der kündet mir gewiß nichts Gutes. Aber laß ihn holen.
OWADJA *(zögernd)*: Herr, sichere ihm zu, daß, was immer er sagt, ihm kein Leides geschehen wird.
ACHAB: Es soll ihm kein Leides geschehen.

*Owadja entsendet einen Boten. Durch die Schar der Künder drängt sich ein als Büffel Maskierter hervor. Am Kopf hat er eiserne Riesenhörner.*

DIE KÜNDER: Platz für Zidkija Sohn Knaanas!
ACHAB: Tritt näher, Zidkija Sohn Knaanas! Was bringst du uns?
ZIDKIJA: So spricht ER: Mit diesen Hörnern stößest du die Syrer nieder, bis sie alle dahin sind.
DIE KÜNDER *(unisono)*: Zieh hinauf gen Ramoth im Gilead, es glückt dir, ER gibts in des Königs Hand!

*Zu Beginn des Chorrufs ist Michaja eingetreten. Er steht still. Achab bemerkt ihn, befragt Owadja und winkt Michaja herbei.*

ACHAB: Du bist Michaja der Künder?
MICHAJA *(vortretend, verneigt sich vor beiden Königen)*: Gruß dir, Sohn Omris, Gruß dir, Sohn Davids! Ich bin nie von den Kündern gewesen, ich hatte nur Umgang mit ihnen, solang sie in Israel weilten. Aber in dieser Nacht ist mir ein Gesicht geworden.
ACHAB: So sprich, sollen wir in den Kampf gegen Aram ziehen?
MICHAJA *(im Tonfall des Künderchors, aber abgebrochen)*: Zieh hinauf! es glückt dir! ER gibts in des Königs Hand!
ACHAB *(etwas unwillig)*: Ich habe dich nicht holen lassen, um noch einmal zu hören, was ich schon gehört habe. Sprich, was ist das für ein Gesicht gewesen, das du sahst?
MICHAJA *(ausbrechend)*: Ich sah alles Volk Israel auseinandergesprengt auf den Bergen, wie Schafe, die keinen Hirten haben, und die Stimme Gottes sprach zu mir: »Diese da haben keinen Herr-

scher mehr, zurückkehren mögen sie nun, jedermann nach seinem Hause, in Frieden.«

ACHAB *(mit unterdrücktem Grimm)*: Das also hast du gesehen?

MICHAJA *(unbekümmert fortfahrend)*: Dann öffnete sich über mir das Firmament und ich sah die Strahlenfülle Gottes im Himmelsraum, von den Geistern aller Elemente umgeben. Und Gott sprach zu ihnen: »Wer kann Achab betören, daß er ziehe und falle bei Ramoth im Gilead?« Nun sprach der: »Damit will ich ihn betören«, und der sprach: »Damit will ich ihn betören.« Gott aber erwiderte keinem. Da fuhr der Windgeist hervor, stand vor dem Antlitz Gottes und sprach: »Ich bins, der ihn betören wird.« Gott sprach zu ihm: »Womit?« Der Windgeist sprach: »Ich fahre aus und werde ein Lügenwind in Sinn und Mund seiner Künder.« Das sprach Gott: »Du magst betören, fahr aus und tus.«

ZIDKIJA *(tritt heran und schlägt Michaja auf die Backe)*: Du Hochmutsnarr! Hast wohl allein den wahren Geist?

MICHAJA *(stillhaltend)*: Schlag nur zu, kein Geist wird dich daran hindern.

ACHAB *(zu einem der Diener)*: Bring ihn zum Stadtobersten und sag dem: »So hat der König gesprochen: ›Setze diesen in den Kerker. Knapp Brots und knapp Wassers laß ihm reichen, bis ich in Frieden zurückgekehrt bin‹«.

MICHAJA: Oh Sohn Omris des großen Kriegers, nie kehrst du zurück.

*Man führt ihn hinweg.*

## ZWANZIGSTE SZENE

KAMPF UM DIE FESTUNG RAMA · ES GEHT GEGEN ABEND

*Inmitten der angreifenden Israeltruppen Achabs Kriegswagen, darauf, hintereinanderstehend, der Wagenlenker, Achab (im eisernen Schuppenpanzer mit langer Großlanze und Schwert) und der Schildhalter (im leichten Brustpanzer, in der Linken einen Brustschild, den er vor Achab hält, in der Rechten eine kurze Lanze). Der Wagen bahnt sich den Weg durchs Getümmel.*

ACHAB *(zum Wagenlenker)*: Drauf los, Schimeon! Jetzt oder nie schlagen wir uns zu Ben-Hadad durch! Habe ich dazu meinen Goldpanzer abgelegt, mich unkenntlich gemacht, daß wir wie die Schildkröten daherzotteln?
DER WAGENLENKER: Wir müssen den Gegenstoß aufhalten, eh wir weiter können, Herr.

*Ein Pfeil dringt von ungefähr Achab zwischen Verheftung und Panzer in die Seite.*

ACHAB *(zum Wagenlenker)*: Zu spät! Fahr mich aus den Reihen. Ich bin verwundet.
DER WAGENLENKER: Der Kampf geht hoch, Herr. Umbiegen gibts da nicht.
ACHAB *(lehnt sich gegen die Brust der Schildhalters zurück, zu diesem)*: Ich bin schwer verwundet, Pinachs. Halt mich fest!
DER SCHILDHALTER: Ich halte dich fest. Ich bin nicht Pinchas.
ACHAB *(wendet mit Mühe den Kopf zu ihm, dann langsam)*: Du bist es, mein Feind. Auch hier hast du mich gefunden.
ELIJA: Lehne dich an mich, Bruder Achab. Ich bin nicht dein Feind. Auch Gott ist nicht dein Feind. Tu allen Ingrimm ab! Immer hat der Herr dich vor dir retten wollen. Mußt du nun sterben,

seine Gnade hat sich zu dir geneigt. Birg dich in den ewigen Armen!

*Die Sonne ist im Untergehen.*

ACHAB *(nach einer Weile)*: Ein Lied, ein Lied! Wie war das doch, als wir in die Schlacht zogen? Da hat der Jehoschafat, dieser windige Kerl, seinen Leuten ein Lied vorgesungen – Davids Lied, hat er gesagt. David, David, was ist denn das mit dem David? Ein König singt doch keine Liedlein! Was war denn das für ein Lied? Ich habs vergessen.
ELIJA: ER ist mein Hirt,
mir mangelts nicht.
Auf Grastriften
lagert er mich,
zu Wassern der Ruh
führt er mich.
Die Seele mir
bringt er zurück,
er leitet mich
in wahrhaftigen Gleisen
um seines Namens willen.
ACHAB *(mit schwacher Stimme)*: Auch wenn ich gehn muß
durch die Schlucht des Todesschattens…
Ich weiß nicht, was jetzt folgt.
ELIJA: Fürchte ich nichts Böses,
denn du bist bei mir,
dein Stab, deine Stütze,
die trösten mich.

*Es vergeht eine Weile. Das Getümmel nimmt noch zu.*

ACHAB: Ah! *(Er stirbt, stehend, an Elija gelehnt.)*
DER WAGENLENKER *(blickt zurück, dann zum Lenker des nächsten Wagens)*: Der König ist tot.

*Rufe von Wagen zu Wagen: König Achab ist tot! Stimmen durchs ganze Lager: König Achab ist tot – jedermann in seine Stadt, jedermann in seine Landschaft, der König ist tot! Rückzug des Heers.*

## EINUNDZWANZIGSTE SZENE

### Der Steinkreis nordöstlich von Jericho

*Elija wandelt links zwischen den Steinen. Rechts, entfernt von ihm, Elischa mit einer Schar von ›Söhnen der Künder‹ im Gespräch. Nach einer Weile tritt er zu Elija.*

ELISCHA: Sie sind unruhig, Meister. Sie haben keine Nachricht von Michaja. Die Söhne der Künder in Samaria haben die versprochene Nachricht nicht geschickt.
ELIJA *(nach einem Schweigen)*: Grund ist zur Unruhe.
ELISCHA: Willst du nicht zu ihnen sprechen? Als sie sich hier nach unsrer Ankunft zusammentaten, wie in diesen Monaten überall im Lande geschehen ist, haben sie von einer Zeit zur anderen auf einen Zuspruch von dir gewartet, du aber schweigst. Seit einer Weile schweigst du auch zu mir.
ELIJA: Es ist mir jetzt nichts zu sagen gegeben.
ELISCHA: Was sie zu tun haben, wollen sie wissen.
ELIJA: Zu tun ist uns jetzt nichts gegeben.
ELISCHA: Nichts? Du sprichst das Wort: Nichts!
ELIJA: Nichts als eben dies ist uns zu wissen gegeben.

*Owadja kommt.*

OWADJA *(verneigt sich)*: Bote Gottes, ich grüße dich.
ELIJA: Sei gegrüßt, lieber Owadja.
OWADJA: Ich bin in Jehoschafats Dienst getreten. Zuvor wollte ich dich noch einmal wiedersehn.
ELIJA: Michaja – ergeht es ihm wohl?
OWADJA: Zwei Sklaven der Isebel sind, als die Nachricht vom Tode des Königs nach Samaria kam, in den Kerker eingedrungen und haben Michaja erdrosselt.

*Schweigen. Alle stehen unbeweglich. Nach einer Weile tritt Elija nach rechts zu den Söhnen der Künder.*

ELIJA: Geht überall hin zu den Brüdern, heißt sie trauern um Michaja, Gottes Kämpfer und Zeugen.
OWADJA: Die Papyrusschriften lagen zerfetzt in der Zelle.
EINER DER SÖHNE DER KÜNDER *(hervortretend)*: Jeder von uns weiß sie herzusagen, alle Heldenlieder, die Michaja gesammelt hat. Jeder von uns ist eine vollständige Handschrift, bereitstehend, gelesen zu werden. Jedes der Lieder, die uns ins Herz geschrieben sind, ist ein Ruf zum Kampf gegen den Baal und seine Brut.
OWADJA *(zu Elija)*: Hast du mir eine Botschaft an den Sohn Davids mitzugeben?
ELIJA: Es gibt keine Botschaft mehr.

# ZWEIUNDZWANZIGSTE SZENE

## Abend

*Elija und Elischa stehen am Jordan.*

ELIJA: Zeit ists, Abschied zu nehmen.

ELISCHA: Am Anfang dieser Wanderung, als wir aus dem Ringwall traten, hießest du mich bleiben, ich aber weigerte mich, dich zu verlassen. Ebenso wars dann in Beth-El und ebenso in Jericho. Und nun wiederum sagst du mir, es sei Zeit, Abschied zu nehmen!

ELIJA: Die Wanderung ist zu Ende. Du darfst mir nicht weiter folgen. Der alte Ziegenbock in meiner Herde – er ist gar nicht alt gewesen, aber er hieß so –, der hat sich einmal still davongemacht. Keine der Ziegen ist ihm nachgegangen.

ELISCHA: Wie soll ich ohne dich verbleiben, mein Vater!

ELIJA: Keiner, als der die Einsamkeit ertrug, reift zum Künder. Auch dir, nicht mir bloß geziemt es jetzt allein zu sein.

ELISCHA: So gib mir deinen Segen!

ELIJA: Ich segne dich, daß du dem Herrn standhaltest.

ELISCHA: Begabst du mich nicht mit der Kraft deines Geistes?

ELIJA: Nie ist der Geist bei mir gewesen. Er ist gekommen und gegangen.

ELISCHA: Wie soll ich das Schwere vollbringen, das mir aufgetragen ist?

ELIJA: Du hast ja nicht mit dem Anfang anzufangen wie ich. Ich übergebe dir, was mir zugekommen ist. Geist ist es nicht, aber Gehorsam zum Geist. Mir war nichts übergeben worden, alles geschah in der Pein. Weniger leiden wirst du und mehr ausführen als ich. Nun geh. Meine Stunde ist nah.

*Elischa geht. Nach einer Weile wendet er sich und steht. Er schreit auf.*

ELISCHA: Feurig entfährt ein Wagen dem Firmament. Mein Vater, mein Vater, Israels Fahrzeug und seine Reiterei!

## DREIUNDZWANZIGSTE SZENE

### KURZ NACHHER

*Am anderen Ufer des Jordan.*

DIE STIMME: Elija!
ELIJA *(verhüllt sein Gesicht mit dem Fell. Er wirft sich nieder)*: Rede, Herr, dein Diener hört.
DIE STIMME: Die Stunde ist da.
ELIJA: Hier bin ich.
DIE STIMME: Du sollst nicht sterben. Lebendigen Leibes sollst du in meinen Himmel eingehn.
ELIJA: Herr, oh Herr, erbarme dich mein!
DIE STIMME: Meine Mildigkeit umgibt dich.
ELIJA: Mit den Seligen im Strahlenglanz soll ich wohnen, und kann doch die Unseligen nie vergessen! Als flinker Läufer habe ich dir all die Tage gedient. Laß mich dein Läufer bleiben! Die Erde laß mich ablaufen in deinem Botendienst!
DIE STIMME: Dein Wille geschehe, mein Sohn Elija. Als mein Bote laufe über die Erde. Hilf den Menschen in ihren Nöten. Auf deinen Knien halte jeden Knaben von Israel, der in meinen Bund aufgenommen wird, und gib in sein Ohr, was du für ihn erfährst. Auf der untersten Stufe des Leidenschachts begegne dem Leidenden und schließe ihm das Geheimnis meiner Nähe auf. Wenn aber mein Tag aufdämmert, befriede du die Söhne mit den Vätern!
ELIJA: Ach, Herr, meine Kraft ist erschöpft.
DIE STIMME: Für deine Erschöpfung tausche ich meine Kraft ein. Laufe, mein Läufer, für mich!

# Elie Wiesel:
# Elias oder eine Ahnung der Unsterblichkeit

Und es begab sich, daß, als der Allmächtige Gott Israels Seinen Propheten in einem Feuersturm zu sich rief, Elias Gilgal verließ, begleitet von seinem treuen Schüler Elischa.
Es sollte ihre letzte gemeinsame Reise sein. Sie wußten es beide, denn sie waren zu kritisch, sich selbst zu täuschen. Sie sprachen wenig, jeder war in seine eigenen Gedanken versunken. Meister und Schüler hatten sich nahegestanden. Die bevorstehende Trennung konnte nur das Gefühl des Verlustes und der Trauer vergrößern. Was würde aus ihnen werden, aus dem einen und dem anderen – dem einen ohne den anderen?
Plötzlich wandte sich Elias an seinen jungen Begleiter und sagte: »Hör zu, du bleibst hier. Ich muß nach Beth-El gehen, weil Gott es mir befohlen hat – aber du bleibe hier.«
Elischa weigerte sich und sagte: »Ich schwöre bei Gott und bei deinem Leben, ich werde dich nie verlassen.«
Angesichts dieser Entschlossenheit beharrte Elias nicht auf seinem Wunsch. Und beide gingen weiter nach Beth-El, schweigend.
In Beth-El wurden sie von jungen dort lebenden Propheten begrüßt, die sich an Elischa wandten und fragten: »Weißt du, daß heute der Tag ist, der vom Allmächtigen auserwählte Tag? Dein Lehrer wird von dir genommen werden. Ist dir das bewußt?« – »Ja«, erwiderte Elischa und nichts weiter. Auch die jungen Propheten schwiegen.
Dann wandte sich Elias noch einmal an seinen Begleiter: »Bleib hier, Elischa«, sagte er. »Ich muß weiter nach Jericho – ich muß, nicht du. Bitte, bleib hier.«
»Nein«, sagte Elischa. »Ich schwöre bei Gott und bei deinem Leben, ich werde dich nicht verlassen.«

Und wieder machte Elias keine Einwände. Mißfiel ihm seines Schülers Hartnäckigkeit, seine Loyalität? Er zeigte weder Gefallen noch Mißfallen. Schweigend nahmen sie ihren Weg nach Jericho wieder auf.

Auch dort wurden sie von jungen Propheten begrüßt. Auch sie nahmen Elischa beiseite und fragten: »Weißt du, daß heute der Tag ist? – »Ja, ich weiß«, erwiderte dieser. Weiter sagte er nichts, ebensowenig wie die jungen Propheten.

Und zum dritten Mal versuchte Elias seinen jungen Freund zu überreden, ihm nicht zu folgen. »Bleib hier, bitte. Ich muß zum Jordan gehen, denn dorthin hat mich Gott geschickt. Aber dich nicht, bleib du hier.«

Zum dritten Mal weigerte sich Elischa. »Ich schwöre bei Gott und bei deinem Leben, ich werde dich nicht allein lassen, weder hier noch anderswo, heute oder jemals.«

Also verließen sie gemeinsam Jericho und begaben sich zum Fluß Jordan, in einiger Entfernung gefolgt von fünfzig jungen Propheten, die entschlossen waren, das Ereignis mitzuerleben und ihren Freunden kundzutun. Meister und Schüler gingen unbeirrt weiter und machten erst am Fluß halt. Elias zog seinen Mantel aus und teilte damit die Wasser, so daß sich eine Furt für sie öffnete. »Was soll ich mir für dich wünschen?« fragte Elias seinen Schüler, als sie den Fluß durchquert hatten. »Ich möchte, daß meine Kräfte zweimal so groß wie die deinen werden«, sagte der junge Schüler. »Das ist zuviel«, erwiderte Elias. »Aber hör mir gut zu: Wenn du mich wirklich weggehen siehst, dann wirst du wissen, daß dein Wunsch erfüllt wurde, aber nur dann.«

Und plötzlich geschah es. Während sie miteinander gingen und redeten, senkte sich vom Himmel ein Wagen aus Feuer, gezogen von Pferden aus Feuer, und Elias wurde ergriffen und fortgerissen. Es dauerte nicht länger als einen Augenblick; Eliascha blieb allein zurück. Elias hatte ihn verlassen und war in einer feurigen Lohe zum Himmel gefahren. Und Elischa hatte alles gesehen und alles

verstanden. Ein quälender tiefer Schrei entrang sich ihm, ein Schrei, der das Universum in seinen Grundfesten erschüttern sollte: »Vater, Vater, Wagen Israels und seine Reiter!« Aber es kam keine Antwort, kein Echo, nichts. Eliascha weinte, aber sein Lehrer war fort, für immer.
Für immer? Das hatte er wohl angenommen. Die fünfzig Propheten, die sich abseits hielten, desgleichen. Aber sie täuschten sich alle. Denn in diesem Fall geschah das Undenkbare: Elias erschien in den folgenden Jahrhunderten immer wieder unter seinen Mitmenschen, um sie zu erinnern, daß sie hoffen durften, und um ihnen anstelle des Todes einen Vorgeschmack der Unsterblichkeit zu geben.

Vom literarischen Standpunkt aus weist diese Stelle alle Elemente eines Meisterwerkes auf: Rhythmus, Handlung, Wohlklang, Spannung und Wiederholung. Wir lassen uns mitreißen von dieser Intensität. Die Gestalten sind echt, sie strahlen Wahrhaftigkeit aus. Wir sehen sie zusammen, wie sie zunächst gemeinsam vorwärtsgehen, dann getrennt werden und doch unzertrennlich sind.
Die Weisheit des Lehrers, die Loyalität des Schülers. Der Wunsch des Propheten, allein zu bleiben – buchstäblich und physisch allein –, um bereit zu sein für die, wie er wußte, einzigartige und überwältigende Begegnung mit dem Tod. Keiner sollte ihn dabei sehen, das war sein Wunsch. So allein zu sein, wie auch der Tod allein ist, und Gott. Elias wollte seinem jungen Freund auch den Anblick eines dahinschwindenden sterbenden alten Lehrers ersparen, ein Opfer Gottes, hilflos und leblos wie alle Opfer einer absoluten Macht. Elias liebte seinen jungen Schützling, er wollte ihn bis zuletzt bewahren, von weiterem Leid abschirmen, ihm zu viele quälende Erinnerungen ersparen. »Bleib zurück, Elischa«, drängte er ihn einmal, zweimal, dreimal: »Ich muß gehen – nicht du.« Die Wiederholung zerreißt einem das Herz. Die gleiche Szene spielt sich dreimal ab, das gleiche Argument wird dreimal ge-

braucht, nur die Namen unterscheiden sich: Beth-El, Jericho, der Jordan. Und Elischa, mitgerissen von der Poesie des Dialoges, antwortet im gleichen Ton; auch er wiederholt seine Worte immer wieder, um seine Hartnäckigkeit zu unterstreichen: »Ich schwöre bei Gott, und ich schwöre bei dir – ich bleibe bei dir.« Wir fühlen die wachsende Spannung, die bald unerträglich wird, je näher wir der Lösung kommen. Elias steht kurz davor, diese Welt zu verlassen; er weiß es, genau wie wir. Und Elischa? Er weiß es auch – weiß es sogar noch vor den jungen Propheten, die es ihm mitteilen wollen, ohne daß der Meister es hört. Das Gerücht von Elias' bevorstehendem Weggang scheint ihm überall vorauszugehen: heute ist der von Gott ausgesuchte Tag – der Tag, den wir alle fürchten. Elias geht, er verläßt uns. Zunächst beobachten die Leute einfach die beiden Männer und lassen sie allein weitergehen, in Jericho dann folgen ihnen fünfzig Propheten in einiger Entfernung, um zu sehen, dabeizusein und berichten zu können.
Dann kommt der Augenblick der Trennung. Elias bleibt Herr seiner Sinne und seiner Rolle treu. Er möchte seinem Schüler ein Abschiedsgeschenk machen, das er sich auswählen darf. Und jetzt setzt uns Elischa mit seiner Antwort in Erstaunen. Er sagt nicht: »Was ich wirklich, aus ganzem Herzen wünsche, ist, daß du bei mir bleibst, ich möchte nicht allein zurückbleiben.« Und er sagt auch nicht: »Nimm mich mit, laß uns diese von oben verordnete Trennung überwinden.« Oder: »Wenn du mich verlassen mußt, versprich, zurückzukommen und mit mir in dieser feindlichen, materialistischen und zynischen Welt zu sein.« Anstatt für das Leben und Werk seines Lehrers zu bitten, bittet er für sich und seine eigene Karriere: er möchte Macht, und zwar doppelt soviel, wie sein Meister hatte. Ist das Elischas letzter Wunsch – sein einziger Wunsch – sein innerstes Begehren? Verabschiedet sich so ein loyaler und geliebter Schüler von seinem Lehrer: indem er begehrt, ihn zu übertreffen, und ihm das auch noch direkt sagt? Wir verstehen Elischa nicht. Und wir verstehen auch Elias nicht. Er ist

bisher in der Schrift als der Prophet des Zornes aufgetreten. Heftig, unnachgiebig, äußerst empfindlich, reagiert er mit Wut auf die geringste Herausforderung. Und hier wird er nicht wütend, ist nicht einmal beleidigt. Was hat ihn so verändert? Anstatt seinen jungen Schüler Mores zu lehren oder Geduld, gewährt er ihm seinen Wunsch oder versichert ihm wenigstens, er würde erfüllt werden, wenn er ihn fortgehen sähe. Dadurch wird unser Erstaunen noch größer. Was besteht da für ein Zusammenhang, was bedeutet es? Warum muß Elischa die Augen offenhalten, um selbst ein Prophet zu werden? Zum ersten und letzten Mal in seinem Leben spricht Elias in Rätseln, er, der doch immer seine Meinung klar und deutlich gesagt hat! Er, dessen Aufgabe es war, Unklarheiten zu zerstreuen! Dessen Aufgabe es sein wird, alle Geheimnisse zu lösen, er fügt noch ein eigenes hinzu! Ist er wirklich verschwunden? Ist er wirklich in den Himmel aufgestiegen? Könnte er sich nicht einfach aus der Welt der Menschen zurückgezogen und seine offiziellen Pflichten aufgegeben haben?
Elias: Kindern und Alten ist er stets gegenwärtig. In Augenblicken der Einsamkeit taucht er auf, um unsere Phantasie zu beflügeln. In Augenblicken der Freude ist er bereit, sie mit uns zu teilen. Elias: die unmögliche, aber notwendige Hoffnung, die Realität der Phantasie. Elias: Traum für einen Dichter, Herausforderung für den Philosophen. Elias und seine Wunder. Elias und seine Schlachten. Elias und seine Siege, die unsere Siege sind. Elias, unser Fürsprecher. Er nahm Gott beim Wort, und Gott dankte ihm für seinen Mut – Gott, aber nicht das Volk. Das Volk, das er verteidigte, verspottete ihn.
Ein paar Worte über die Idee, die Rolle, die Struktur des Propheten im allgemeinen. Wer ist ein Prophet? Jemand, der sucht, jemand, der gesucht wird. Jemand, der zuhört und auf den gehört wird. Jemand, der die Menschen sieht, wie sie sind und wie sie sein sollten. Jemand, der seine Zeit widerspiegelt und doch außerhalb der Zeit lebt.

Ein Prophet ist stets wach, stets auf der Hut; er ist nie gleichgültig, am allerwenigsten, wenn es um Ungerechtigkeit geht, menschliche oder göttliche. Als der Bote Gottes bei den Menschen wird er auch ihr Bote bei Gott. Ruhelos, irritierend wartet er stets auf ein Zeichen, auf eine Aufforderung. Schlafend hört er Stimmen und folgt Visionen; seine Träume gehören nicht ihm.

Oft wird er verfolgt, lebt immer in Angst, ist stets allein – auch inmitten der Menge, wenn er mit Gott oder sich selbst redet, wenn er die Zukunft ausmalt oder die Vergangenheit beschwört.

Oft wirkt er theatralisch; er scheint etwas aufzusagen, was ein anderer geschrieben hat. Und doch, um ein wirklicher Prophet zu sein, muß er in die Tiefen seines Wesens hinabsteigen. Um von Gott bewohnt oder durchdrungen oder ergriffen zu sein, muß er wirklich und authentisch er selbst sein.

Das ist die tragische Seite eines Propheten: hat er den höchsten Grad der Selbstverwirklichung erreicht, dann übergibt er sich Gott. Je intensiver er lebt, desto mehr gehört er Gott, der durch seine Stimme spricht und ihn als Bindeglied, als Brücke, als Instrument benutzt. Der Prophet ist zugleich Ärgernis und Vereinfacher. Was andere denken oder lernen werden, weiß der Prophet bereits, er erfährt es als erster. Er ist Gottes Resonanzboden. Aber manchmal wird er auch als letzter eingeweiht. Laut Talmud sprach Elias und wußte gelegentlich nicht, was er gesagt hatte.

In dieser Hinsicht ist Elias keine Ausnahme. Er predigte und wirkte Wunder, gewann viele Schlachten und gewiß auch viele Auseinandersetzungen, und dennoch, anders als die meisten Propheten, lebte er fort und fort.

Aber bei genauerer Untersuchung des Textes stößt man auf irritierende Tatsachen. Der Mann war nie glücklich, nicht einmal zur Zeit seines Triumphes. Und offensichtlich scheint er keine Vergangenheit gehabt zu haben, keine Wurzeln. Sein Leben war ein dramatischer Durchgang von Ewigkeit zu Ewigkeit; er entstand aus einer Legende und wurde wieder zur Legende.

Historisch ist Elias ein Zeitgenosse Homers. Er taucht in der biblischen Erzählung mit einem Donnerschlag auf, überwindet alle Hindernisse und reißt seine ganze Umgebung mit. Niemand erwartete ihn, aber als er da war, ging es nur noch um ihn.
Wer ist er nun eigentlich?
Beim Studium der Quellen, sowohl der biblischen wie der talmudischen, fallen gewisse Einzelheiten auf, gewisse Merkmale erscheinen bedeutsam und aufschlußreich. Aus einer beiläufigen Bemerkung erfahren wir, daß er »ein härenes Gewand trug und einen Ledergürtel um die Lenden«. Sein Haar ist lang. Er hat keinen besonderen Beruf, ist arbeitslos, heimatlos und Junggeselle. Von kräftiger Gestalt, »konnte er achtzehn Meilen Pferden vorauslaufen«, obgleich er sich ziemlich ärmlich ernährte: wir erfahren, was er in der Wüste aß und trank, desgleichen hören wir von seiner erstaunlichen Angewohnheit, unter den ungewöhnlichsten Umständen aufzutauchen und wieder zu verschwinden. Kühn, einfallsreich und herausfordernd, ist er ein meisterhafter Regisseur: er versteht es, Menschen zu beeindrucken und in Ekstase zu versetzen.
Das ist das biblische Porträt von Elias: zäh, kühn und grausam, reizbar, unbeugsam, monolithisch, ein Zerstörer falscher Götter und ihrer Verehrer. Er hat eine bemerkenswerte Konzentrationsgabe. Er redet nicht, er befiehlt. Aber wenn er einem Menschen zuhört, ist er ganz auf ihn konzentriert. Allein ist er das einsamste Geschöpf auf der Erde, und inmitten von Menschenmassen ist er noch einsamer. Als ein Mann der Extreme weist er Schwäche und Kompromisse zurück. Seine Strenge und Härte sind legendär, er lächelt kaum. Er ist mehr als ein Mensch, er ist das Schicksal selbst.
Seine Ausdrucksweise ist stets verblüffend. Keine Ansprachen, keine Reden, keine Moralpredigten. Kurze, knappe Sätze, verbale Peitschenschläge. König Ahab, der Naboths Garten beschlagnahmt, fährt er an: »Haratzachta vegam yarashta? – Du hast einen Mann getötet und willst nun auch noch sein Erbe?« Falls diese

kurze Feststellung nicht genügen sollte, fährt er fort: »Wie die Hunde das Blut deines Opfers geleckt haben, werden sie das deine lecken.« Zu Ahabs Nachfolger, Ahazia, sagt er: »Du wirst dein Bett nicht lebendig verlassen.« Zu dem Offizier, der ihn festnehmen will: »Ein himmlisches Feuer wird dich verschlingen.« Und irgendwie treffen seine Prophezeiungen immer ein.
Elias flößt Angst und Schrecken ein. Er bekommt stets, was er verlangt. Was er prophezeit, trifft ein. Öffnet er den Mund, erbebt die Erde. Hebt er den Arm, spüren die schreckerfüllten Menschen den Todesengel.
Elias, ein Mann ohne Geschichte, macht Geschichte, indem er sie neu belebt. Er hat den Auftrag, selbstgefällige Könige und ihre Lakaien zu bestrafen, die Eitlen zu erniedrigen und die Demütigen zu ermutigen, den Großen zu zeigen, wie klein sie sind, und den Mächtigen wie verwundbar. Wo immer er auftaucht, atmet man himmlische Glut und Leidenschaft. Unerbittlich in seinem Kampf gegen Ungerechtigkeit, demaskiert er Heuchelei und Falschheit. Bei seinem Erscheinen werden alle Dinge über den Haufen geworfen.

Wir wissen wenig über den Menschen Elias, über seinen Vater, seinen Herkunftsort, seine Lehrer, seine Ratgeber. Wie eine Theaterfigur gewinnt er nur Gestalt durch das, was er auf der Bühne sagt und tut. Der Rest bleibt Geheimnis. Seine offizielle Persönlichkeit selbst bleibt im dunkeln. Elias aus Tisbi. Durchaus möglich, daß es nie einen Ort dieses Namens gab. Eine talmudische Quelle behauptet, er gehöre zu einem Priesterstamm. Es gibt keinen überzeugenden Beweis für seine Zugehörigkeit zu einem anderen Stamm. Er gehört zu allen Stämmen, zu uns allen. Er entspricht der ewigen Sehnsucht des Menschen nach Poesie und seiner ewigen Suche nach Gerechtigkeit.
In der Schrift steht: In Israel und Juda waren Könige, und die meisten von ihnen waren mittelmäßig und selbstsüchtig, einige noch

Schlimmeres. Ein in sich gespaltenes Haus hat keinen Raum für Geistigkeit. Führer tauchten auf und verschwanden in endlosen Kriegen, Intrigen, Komplotten und Gegenanschlägen. Kriege und Bündnisse mit Phöniziern und Assyrern, meist unter falschen Voraussetzungen, führten zu fortschreitender Schwächung, zu ständig zunehmendem Götzendienst. Der Gott Israels war ein Fremder in Seinem eigenen Land.

Der gottloseste König war Ahab, der mehr sündigte als sein Vater Omri und dieser wiederum mehr als sein Vater Jerobeam ben Nebat. Um sein Bündnis mit den Phöniziern zu sichern, heiratete Ahab die phönizische Prinzessin Isebel, Tochter des Priesters und Königs Etbaal von Tyros. Von ihr beeinflußt, baute er heidnische Tempel, öffnete seinen Palast falschen Propheten und gestattete den Wiederaufbau Jerichos trotz Josuas denkwürdigem Befehl.

Ahab begeht eine Sünde nach der anderen, häuft Schande um Schande auf sich und reißt das ganze Volk – und seine Geschichte – mit. Sie fielen immer tiefer, nichts und niemand konnte sie aufhalten, geschweige denn retten.

Und dann heißt es plötzlich im Text: ›Vayomer Eliayahu ha-tishbi mitoshavei gilead el Ahav‹ … »Und Elias aus Tisbi, Bürger von Gilead, wandte sich an König Ahab und sagte: ›Ich schwöre bei dem Gotte Israels, daß es nicht regnen wird, ehe ich nicht den Befehl dazu gebe.‹«

Eliyahu aus Tisbi, Bürger von Gilead. Geburtsort unbekannt, Alter unbekannt. Der Text will, daß er unbekannt bleibt. Nur seine offensichtlichen Eigenschaften sollen bekannt werden. Vom ersten Satz an erfahren wir, daß Elias sich durch seine Art zu sprechen offenbarte, durch seinen Mut und seinen Glauben an die eigene Stärke. Er weiß, seine Drohungen sind nicht leeres Gerede.

Wir wissen also sofort, nicht nur, daß Elias existiert, sondern daß er ein Prophet ist. Wir werden Zeugen, als er dem König persönlich gegenübertritt. Er sagt ihm, er sei nicht der Mächtigste, es gäbe Kräfte, die sich ihm entzögen; einen Willen, stärker als der sei-

ne. »Von nun an«, sagt Elias, »werde ich allein bestimmen, ob dieses Land in Glück oder Not lebt, nur ich allein werde dem Regen gebieten, der den Himmel über uns mit der Erde verbindet.«
Dieser Elias hatte also Mut. Er hatte jedoch kaum den Satz beendet, als er verschwand.
Ob Ahab antwortete oder auf seine Drohung einging, steht nicht geschrieben. Wir erfahren nur, daß Elias sprach und ... floh. Ehe wir ihn jedoch der Feigheit zeihen, müssen wir wissen, daß er auf Befehl floh, auf Gottes Befehl. Gott sagte ihm einfach, er solle weggehen und sich in der Nähe des Jordan verstecken. Er solle niemand sehen und von niemand gesehen werden. »Mach dir keine Sorgen«, sagte Gott, »Raben werden dich ernähren. Und der Fluß wird dir Wasser geben. Du wirst versteckt leben müssen, aber du wirst leben. Und es wird dir an nichts fehlen.«
Nicht so die anderen. Als Elias' Prophezeiung eintraf, brachte die dreijährige Dürre Hunger über Land und Volk. Die Erde war durstig und ebenso der Prophet. Er verließ sein Versteck und fand Zuflucht bei einer Witwe, der Gott befohlen hatte, ihm zu essen zu geben. Sie wurde belohnt, es mangelte ihr nie an Nahrung. Aber ihr Sohn wurde krank, und sie beschuldigte Elias: »Es ist deine Schuld«, sagte sie, »du kamst und brachtest meine Sünden zum Vorschein, und dadurch wurde mein Sohn krank und wird jetzt sterben.« In der Bibel ist dieser zornige Ausbruch unverständlich.
Im Midrasch nicht. Hören wir die Auslegung. »Ehe du kamst«, sagte die Witwe, »liebte mich Gott, weil ich tugendhaft war, d. h., verglichen mit anderen, war ich es wirklich. Aber verglichen mit dir? ... Also liebt mich Gott deinetwegen nicht mehr. Warum kamst du hierher? Warum?« Was sollte nun Elias anderes tun als ihren Sohn heilen?
Ein Wunder? Ja. Wie Moses, dem er in mannigfacher Weise ähnelt, wirkt Elias Wunder. Aber dieses hier ist von besonderer Art: es vollzieht sich gleichsam heimlich. Während die meisten Wunder so viele Zeugen wie möglich beeindrucken sollen, wurde die-

ses hier nur von dreien, einschließlich Elias, erlebt. Er tat es später, viele Jahrhunderte später, wieder, als er verzweifelte Opfer im Exil ermutigte, tröstete und rettete, indem er ihnen, ihnen allein erschien.

In der Bibel wirkte Elias noch eindrucksvollere Wunder in der Öffentlichkeit. Er forderte König Ahab heraus zu einem denkwürdigen verbalen Zweikampf. Seine Sprache war klar, provozierend: »Du verehrst Götzen, ich diene Gott – laß uns sehen, wer lebendig ist und wer nicht.«

Das ganze Volk wurde auf den Berg Karmel geladen, vor allem die falschen Propheten: vierhundert Diener Baals und vierhundertfünfzig persönliche Propheten Isebels, wenn man so sagen kann. Ihnen gegenüber stand ein einziger Mann, Elias, der an einen Gott glaubte, den Gott Israels.

Und Elias sprach, und was er sagte, war vernünftig: »Ihr könnt nicht beiden dienen, nicht gleichzeitig Gott und Baal; ihr könnt nicht sowohl jüdisch wie anti-jüdisch sein; ihr könnt nicht an euer Schicksal glauben und gleichzeitig an das eines anderen. Ihr müßt euch entscheiden, einen festen Standpunkt einnehmen. Ad matai tifsekhu al shtei haseipim? Wie lange wollt ihr noch gleichzeitig in zwei Lagern stehen? Man muß wählen. Ist der Herr Gott, so folgt Ihm; ist Baal Gott, folgt ihm.«

Das Volk, heißt es im Text, antwortete nicht. Schon damals wartete man lieber ab, um sich dann dem Sieger anzuschließen.

Elias selbst besorgte die Inszenierung, und seine Anweisungen sind so deutlich und genau, daß sie einen ungewöhnlichen Einblick in die alten heidnischen Baal-Zeremonien gewähren.

Zwei Ochsen wurden gebracht, und Elias forderte seine Gegner auf, einen auszuwählen und ihn als Opfer traditionsgemäß darzubringen. Dann würde er das gleiche tun, und beide würden sie kein Feuer an das Opfer legen, wie der Ritus vorschreibt, denn das Feuer kommt von Gott allein. »Dann wollen wir sehen«, sagte

Elias, »was euer Gott und mein Gott tun werden.« Die Gegenseite nahm die Herausforderung an, was sie bereuen sollte. Höflich überließ Elias den Propheten des Baal, den Wettstreit zu eröffnen. Sie errichteten den Altar und beteten um Feuer. Aber es kam kein Feuer. Die Priester und Propheten flehten inbrünstig zu Baal, aber es kam kein Feuer. Nichts geschah, heißt es im Midrasch. Nur Stille – wie die Stille, die herrschte, als Gott das Gesetz gab: die Vögel sangen nicht, die Ochsen brüllten nicht, die Engel flogen nicht, das Meer lag ruhig. Kein Geschöpf tat einen Laut. Gott hieß die Schöpfung in Stille verharren, leer und reglos sein, als ob kein Lebewesen vorhanden wäre. Denn hätte jemand gesprochen, würden die Priester sagen: »Baal hat uns geantwortet.«

Aber Baal blieb stumm und abwesend. Da begann Elias ihrer zu spotten. »Vielleicht ruft ihr nicht laut genug! Er schläft oder ist abwesend. Weckt ihn!«

Die Ironie des Propheten mag unfair und daher unpassend sein. Gehört es sich, einen geschlagenen Gegner lächerlich zu machen? Aber wenn wir den Text näher betrachten, erkennen wir unseren Fehler: die falschen Propheten sind noch nicht geschlagen – denn Elias hat sein Wunder noch nicht vollbracht. Da er nicht sicher war, ob sein Flehen erhört und er Feuer vom Himmel erhalten würde, trieb er sie einfach, ihre Anstrengungen mit größerer Kraft fortzusetzen und nicht so schnell aufzugeben. Und das taten sie auch nicht. Sie heulten und schrien stundenlang und fügten sich in kollektivem Wahn Wunden zu. Als der Abend hereinbrach, gaben sie schließlich ihre Niederlage zu.

Dann kam Elias an die Reihe. Er baute den Altar mit zwölf Steinen auf, um dadurch die Einheit der zwölf Stämme Israels zu demonstrieren. Und er erflehte die Hilfe Gottes: »Herr Gott Abrahams, Isaaks und Jakobs, beweise uns heute, daß Du der Gott Israels bist … Anéni adoshem, anonéni – antworte mir, Gott.« Der Midrasch gibt eine poetische Auslegung: »Antworte mir, damit das Volk erfahre, daß Du das Wunder getan hast. Und das ganze Volk sah

Gottes Antwort; das ganze Volk sah Feuer vom Himmel herabkommen und wie es Elias' Opfer annahm und verzehrte.« Die Geschichte ist noch nicht zu Ende. Nach seinem Sieg befahl Elias dem Volke, alle falschen Propheten umzubringen.

Den Midrasch kümmert das unglückliche Schicksal der falschen Propheten nicht sonderlich, bestimmt weniger als das der armen Ochsen. Hören wir seine Schilderung: Um wirklich fair zu sein, schlug Elias den Propheten des Baal vor, Zwillingsochsen auszuwählen und es dem Schicksal zu überlassen, welcher Gott und welcher Baal geopfert werden sollte. Der erste leistete keinen Widerstand und folgte Elias wie einem Freund. Der zweite weigerte sich stur, seine Rolle zu spielen. Er wollte nicht nur den falschen Propheten nicht folgen, sondern blieb auch wie angewurzelt an Ort und Stelle – und keine Macht der Welt konnte ihn dazu bringen, sich zu bewegen. Alle Priester und Propheten versuchten es, ihre Helfer versuchten es, alle ohne Erfolg.

Die Szene wäre schon so komisch genug, aber der Ochse hatte darüber hinaus das Bedürfnis, sein Verhalten dem Elias zu erklären: »Hör zu«, sagte er, »wir sind Zwillinge, von der gleichen Mutter geboren; zusammen aufgewachsen, gemeinsam gefüttert, haben auf den gleichen Feldern gegrast, im gleichen Schatten geruht, also sage mir: Warum werde ich benachteiligt? Warum wird mein Bruder dem ewigen Gott geopfert und ich einem albernen Götzen? Warum soll mein Bruder den lebendigen Gott heiligen und ich Ihn erzürnen? Sag mir, ist das fair oder gerecht?« Elias verstand ihn: der Ochse hatte recht – aber trotzdem mußte die Schau weitergehen! Also versuchte er, den armen Ochsen zu trösten: »Sei nicht traurig«, sagte er ihm, »auch du wirst Gottes Namen heiligen – du, indem du Baal geopfert wirst, und dein Bruder, indem er Gott geopfert wird; ihr habt beide in Seinem Dienst und um Seinetwillen gelebt und werdet für Ihn sterben.« Der Ochse war aber noch nicht überzeugt. »Ich verstehe dich«, erwiderte er, »aber ich gehe nicht freiwillig zu Baal! Wenn ich gehen muß, dann

zwinge mich! Du sollst mich ihnen übergeben!« Und Elias hatte keine andere Wahl.
Natürlich gewann Gott, und das Volk rief: »Adoshem hu ha Elokim – Gott ist Gott.« Und Wolken zogen auf, und es begann zu regnen. Die Erde war wieder bereit, die Menschen zu ernähren. Alles war gut – die Schöpfung war wieder mit dem Schöpfer ausgesöhnt.
Für Elias waren die Dinge hinterher nicht etwa einfacher. Er hatte zwar gewonnen, aber er war nicht außer Gefahr. Er mußte wieder fliehen. Welch seltsames Geschick: Wenn er verlor, floh er, und wenn er gewann, floh er auch. Auf seinen Kopf stand ein Preis, und er tauchte unter. Aber wer jagte ihn? König Ahab hatte am Berg Karmel bereut. Elias huldigte ihm, wie es einem König gebührt, und lief, wie es damals Sitte war, vor seinem Streitwagen. Es war Isebel, die Elias verfolgte, den treuen Boten Gottes.
Sie war sein wahrer und gefährlichster Feind, mehr als ihr Mann. Sie war entschlossen. Sie war entschlossen, das Massaker an den ihr ergebenen Priestern zu rächen. Sie hatte es zu spät gemerkt. Wäre sie anwesend gewesen, hätte Elias sicher größere Schwierigkeiten gehabt.
Die Konfrontation auf dem Berg Karmel war hinter Isebels Rücken geplant und durchgeführt worden. Elias wollte sie bei diesem Ereignis nicht dabei haben, nicht weil er Angst vor ihr hatte, sondern weil ihr Mann sie fürchtete.
In dieser königlichen Familie hatte ganz offensichtlich die Frau das Heft in der Hand. Isebel beherrschte ihren Mann und daher auch das Volk. Sie traf die wichtigsten – und blutigsten – Entscheidungen; sie hatte das Massaker an den wahren Propheten des jüdischen Volkes befohlen, sie baute die Altäre für Baal. Sie hetzte das Volk gegeneinander auf und gegen Gott, den Herrn Israels. Wenn dieses jüdische Königreich seiner eigenen Mission untreu wurde, so war es ihr Werk. Ahab liebte sie zu sehr, um zu protestieren, und sie hielt ihn in immer stärker werdender Abhängigkeit. Aus bi-

blischen und talmudischen Quellen erhalten wir ein genaues Bild von ihr als einer sinnlichen, aber sexuell frustrierten Frau. Sie liebte Prunk und Macht, sie nahm gerne teil an den Zeremonien anderer, z. B. an Hochzeiten und Begräbnissen. Andere Quellen geben an, daß sie oft seltsame und gewagte Methoden anwandte, um die Leidenschaft ihres Mannes zu erregen – wir erfahren anschauliche Einzelheiten. Ahab war ihr so verfallen, daß er ihr die Regierungsgeschäfte überließ.
Isebel entwarf also sowohl die Innen- wie die Außenpolitik des Landes und zeichnete auch verantwortlich für die Religion – mit Ahabs Einwilligung. Er widersprach nie, trat ihr nie entgegen, selbst nicht auf dem Schlachtfeld. Er galt als großer Feldherr, aber nur, wenn sie nicht in der Nähe war; er war ein Schwächling dann, wenn sie in der Nähe war.
Das beste Beispiel dafür ist die Geschichte von Naboths Garten. Es lebte einst ein Mann namens Naboth, dessen Garten grenzte an den des Königs. König Ahab wollte diesen Garten und bot Naboth Geld an, aber der wollte den Garten nicht hergeben. Da bot ihm Ahab einen anderen Garten woanders an. »Es tut mir leid«, sagte Naboth, »ich möchte nicht umziehen.« Er wollte eben in seinem eigenen Garten und Haus bleiben, das ihn an seine Kindheit, seine Eltern und deren Eltern erinnerte. Ahab drängte weiter und ließ nicht locker, aber Naboth blieb fest.
Ahab fühlte sich unglücklich, hintergangen, enttäuscht – nur Könige können sich so hineinsteigern. Er kehrte bitter, böse und ungehalten in seinen Palast zurück. Ohne zu Abend zu essen, ging er sofort ins Bett. »Was ist passiert?« fragte seine Frau. »Warum hast du so schlechte Laune? Wer hat dir etwas getan? Warum ißt du nicht?« Er erklärte ihr, was geschehen war, und beklagte sich über Naboths Starrsinn.
»Ist das alles?« fragte Isebel. »Wenn weiter nichts ist, mein Lieber, dann nimmt es dir nicht so zu Herzen. Überlaß es nur deiner lieben Frau, sie wird sich darum kümmern…«

Und sie kümmerte sich, d. h., sie nahm sich Naboth vor, indem sie ein fingiertes Verhör veranstaltete – den ersten Schauprozeß in der jüdischen Geschichte –, sich falscher Zeugen bediente, die aussagten, Naboth habe eine Verschwörung geplant, um Anführer zu werden. Es gelang ihr sogar, einige Leute zu überreden, Naboth wie einen obersten Führer zu behandeln, um vor Gericht eine bessere Handhabe zu haben. Die Intrige hatte Erfolg. Naboth wurde gegen seinen Willen zum Führer, gegen seinen Willen zum Angeklagten. Und er wurde verurteilt, gesteinigt. Und alles, weil Isebels Ehemann einen größeren Garten wollte.

Das Bild ist klar: Sogar in dieser unwichtigen Angelegenheit löste Isebel Ahabs Problem. Praktisch war sie die Herrscherin, ihre Macht war unbestritten, ihre Entscheidungen unwiderruflich. Es ist anzunehmen, daß Ahab in Augenblicken der Einsicht und kritischen Selbstprüfung ihre absolute Herrschaft in seinem eigenen Palast zuwider war. Schließlich war er ja auch noch da, konnte stolz sein auf seine Vergangenheit, seinen Namen, seine eigene königliche Herkunft. Oft ging er fort, um allein zu sein, wieder seinem Volk näher zu kommen, den Sitten und Gebräuchen und dem gemeinsamen Glauben. Aber sobald er dann zu Isebel zurückkehrte, waren alle guten Vorsätze verflogen.

Elias, der ja kein schlechter Psychologe war, mußte wohl den Aufruhr, die Zweifel, den mühsam unterdrückten Ärger in der Seele des Königs gespürt haben. Eines Tages nützte er Isebels Abwesenheit aus, um den König zu dem Gottesurteil auf dem Berg Karmel herauszufordern. Ahab, als Herrscher enttäuscht, mußte annehmen. Die Idee gefiel ihm: das Schauspiel, der Wettstreit, der Rahmen, das Risiko, die Chancen, das Ergebnis; es würde das größte Ereignis zeitgenössischer Geschichte werden, und er im Mittelpunkt, er am Steuer, allein, ohne Isebel. Das würde ihr beweisen, was für ein fähiger Mann er letzten Endes war.

Wir kennen das Ergebnis. Aber man sollte fair gegenüber dem König sein: er war mutig genug – oder schwach genug – seiner

Frau ungeschminkt davon zu berichten. Er erzählte ihr die ganze Geschichte, die Opfer, den Sieg Elias', das Massaker an den Priestern, die Demütigung von Baal. Man kann sich die Szene im königlichen Palast vorstellen. Und jetzt wird alles klar: Ahab liebt Isebel, die ihrerseits Elias liebt, und der liebt nur Gott allein. Und Gott? Wen liebt Er? Vor dieser Frage steht Elias in der Wüste.

Man kann sich Isebels Wut um so besser vorstellen, als sie genau in der Bibel beschrieben ist. Durch Boten ließ sie Elias kundtun, morgen wirst du tot sein – morgen.

Elias war zu klug, zu erfahren, um ihre Drohungen nicht ernst zu nehmen. Er wußte, wie gefährlich eine rasende Frau sein konnte. Er floh in die Wüste und blieb dort vierzig Tage und vierzig Nächte, und dann hatte er diese bewegende, herzzerreißende und furchterregende Begegnung mit Gott. Diese Begegnung bleibt ein Höhepunkt in der Geschichte des jüdischen Volkes – und seines eigenen Lebens.

Seltsam: diese Begegnung ist von Verzweiflung geprägt und nicht von Überschwang. Anstatt beglückt zu sein, Baal geschlagen zu haben und dem Tode entronnen zu sein, erscheint Elias deprimiert und bedrückt. Er möchte verschwinden, für immer, möchte sterben. Als Gott ihn fragt warum, antwortet er: »Ich habe für Dich gekämpft, ich habe Deinetwegen Deine Kinder bekämpft, ich habe die gestraft, die gegen Dich gesündigt haben, und nun bin ich hier in einer Höhle, allein und in Gefahr; ich bin der Letzte.«

Eigentlich hätte Gott argumentieren können: »Was, jetzt bist du traurig? Nach deinem Triumph?« Aber Argumente konnten noch nie Depressionen heilen. Also erzählte ihm Gott eine Geschichte, immer noch ein ganz gutes Heilmittel gegen Traurigkeit. Und Gott sagte: »Té, geh, verlaß die Höhle und tritt auf dem Berg vor mich hin.« Und siehe, der Herr ging vorüber, und ein großer, starker Wind zerriß die Berge, fuhr vor Gott her und zerbrach die Felsen in Stücke; aber Gott war nicht in dem Wind. Und nach dem Wind kam ein Erdbeben, aber Gott war nicht in dem Erdbeben;

und dem Erdbeben folge ein Feuer, aber Gott war nicht in dem Feuer, und auf das Feuer folgte eine sanfte Stimme, die aus der Stille heraus ertönte. Heißt das, Gott wohnt in der Stille? Der Text sagt das nicht ausdrücklich, aber Elias verstand: er verhüllte sein Gesicht mit dem Mantel, ging hinaus und stand vor dem Eingang der Höhle. Und siehe, es kam eine Stimme zu ihm und sprach: »Was tust du hier, Elias?« Und zum zweiten Mal mußte Elias erklären: »Ich kämpfte für Dich, ich allein kämpfte für Dich, denn Deine Kinder haben Deinen Bund gebrochen, Deine Altäre zerstört und Deine Propheten mit dem Schwert erschlagen, und nun bin ich hier allein, bin in Gefahr; ich bin der Letzte.«

Gottes Antwort ist, gelinde gesagt, erstaunlich. Anstatt ihn zu trösten, seine Qual und Angst zu lindern, seine Stimmung zu heben, teilt Er Elias mit, daß seine Amtszeit zu Ende ist. Elischa, Sohn des Shaphat, wird sein Nachfolger werden.

Elias stimmt zu, Elias war immer einig mit Gott. Vielleicht hat es ihn sogar gefreut. War es nicht sein glühendster Wunsch, für Gott zu leben und zu sterben – von den Händen Gottes zu sterben und nicht von Menschenhand?

Aber warum sprach Gott so ohne Mitleid? Wie konnte Er ungerührt bleiben von Elias' Aufschrei, er sei allein und verlassen, als letzter zurückgeblieben, der letzte, der die Wahrheit kannte, der letzte, der sich erinnerte und der letzte, diese Erinnerungen lebendig zu halten?

Gott sprach ohne Mitleid, weil Elias ohne Mitleid gesprochen hatte. Sogar jetzt noch war er zu streng mit seinem Volk. Er zürnte den Königen, weil sie ihre heilige Aufgabe verraten hatten, indem sie fremde Götzen verehrten. Er zürnte dem Volk, weil es falsche Altäre gebaut und falschen Göttern geopfert hatte. Alles das ist verständlich. Aber nicht das ganze Volk war schuldig geworden, wie der Midrasch betont. Obadja wagte es, hundert junge Propheten zu verstecken, die Isebel ermorden wollte. Und alle Nachbarn und deren Nachbarn, also das ganze Volk wußte davon. Und doch hatte niemand sie an Isebel verraten. Und als Elias Isebel und ihrem Mann sagte, nur er und er allein sei nun Gottes Prophet, wußte jedermann, daß das nicht der Fall war, und niemand verriet es. Der Talmud kommentiert: Obgleich das Volk zur Zeit Ahabs Götzendiener waren, ähnelte es doch darin dem Volk zur Zeit Davids und war ihm ebenbürtig – es hatte keine Spitzel.

So gesehen, scheint Elias' Zorn etwas übertrieben. Daher die Antwort Gottes. Niemand darf eine ganze Gemeinschaft verurteilen. Niemand, nicht einmal der angesehenste Prophet, darf sich gegen sein eigenes Volk stellen. Er gehorchte Gottes Willen, aber nun mußte er den Preis dafür zahlen. Gott wählt keinen aus, der nicht, gleichzeitig oder irgendwann, auch Sein Opfer wird.

Weil er sich als verlassen bezeichnet hatte, als einer, der allein seinem ganzen Volk gegenübersteht, wird Elias von Gott zurechtgewiesen. Das wird mehr als einmal im Midrasch beschrieben. Die Dürre dauerte drei Jahre, weil Elias sie als Strafe für die verderbten Könige und deren Anhänger vorausgesagt hatte. Aber was war mit den Kindern, mit den Unschuldigen? Gott selbst mußte Elias drängen, Ihn von Seinem Versprechen zu lösen und die Hungersnot abzubrechen.

Schließlich hielt es Gott draußen, vor der Höhle, für nötig, für Sein Volk – gegen Elias – zu bitten. Und Gott sagte: »Warum bist du so streng mit Meinem Volk? Sind die anderen besser, würdiger? Kennst du die Heiden in Damaskus und anderswo? Verglichen mit ihnen, sind Meine Kinder gut und fromm.«

Überhören wir nicht die Ironie: Gott zürnte Elias, weil er zu gehorsam war. Und also war es an der Zeit, abzutreten und in den Himmel aufzusteigen.

Nur um dann später in einer völlig anderen Rolle zurückzukehren. Der nachbiblische Elias hatte nach seiner Himmelfahrt eine erstaunliche Wandlung durchgemacht. Die talmudische Legende beschreibt ihn als Freund und Gefährten aller, die der Freundschaft, des Trostes und der Hoffnung entbehren. Dem Zyniker

bringt er Gewißheit; dem Wanderer einen Schimmer von Licht und Wärme. Dem Weisen ist er Lehrer; dem Träumer ein Traum: das ist Elias. Seine Besuche – oder seine Offenbarungen – sind Belohnung in sich. Man muß sie verdienen.
Das gilt auch für seine Wunder: sie müssen verdient sein. Aber dann ist Elias auch zuverlässig, er hält seine Versprechen, erfüllt seine Zusagen. Und wenn ihm Hilfe nicht möglich ist, dann leidet er wenigstens mit uns und weint um uns.
Der strafende Prediger wurde zum Propheten des Trostes. Als Engel und Beschützer Israels beherrscht er Zeit und Raum: er ist überall gleichzeitig. Er kann nicht genau beschrieben werden, denn seine Masken sind zahlreich. Manchmal erscheint er als Araber, als Perser oder Römer, als Reiter und sogar als Frau anrüchigen Gewerbes. Bei einer Gelegenheit mußte er Rabbi Meir retten. Römische Soldaten jagten ihn und hatten ihn schon beinahe erreicht, als sie sahen, wie er von einer Prostituierten aufgegriffen wurde. Nein, unmöglich, kann er nicht sein! Sie drehten um und gaben die Verfolgung auf. Natürlich waren sie nur zweitklassige Detektive. Sie hätten doch merken müssen, daß die Frau kein anderer als der Prophet Elias war, der neben Rabbi Meir herging, um ihn zu retten!

Noch eine Geschichte: ein gewisser Rabbi Nahum aus Gamzu machte sich auf nach Rom, um den Kaiser mit jüdischem Gold zu einer freundlicheren Haltung gegenüber Judäa zu bewegen. Unterwegs machte er halt in einem Gasthaus, wo Diebe sein Gold stahlen und statt dessen Sand in den Behälter füllten. Die Wut des Kaisers kann man sich vorstellen, als er die Kassette öffnete und den Sand fand. Reb Nahum wurde zum Tode verurteilt wegen Majestätsbeleidigung. ›Gam zu letova‹, sagte Reb Nahum, und das war sein Lieblingsspruch: »Was immer geschieht, ist gut.« Dieses Mal hatte er recht, denn Elias erschien als Höfling verkleidet (einige sagen als Ratgeber) und sagte dem Kaiser: »Halt, dieser Mann brachte dir eine kostbare Gabe! Kostbarer als Gold! Sein Sand birgt Kräfte, es ist eine gefährliche Waffe. Versuche sie!« Der Kaiser tat so, und der Sand verwandelte sich wunderbarerweise in eine Waffe, die feindliche Mauern zerstören konnte. Der Kaiser belohnte Reb Nahum, indem er ihm eine Kassette voll Gold und Edelsteinen gab. Auf dem Rückweg kehrte er in dem gleichen Gasthof ein und traf dort auf die gleichen Diebe, die staunten, daß er noch lebte und reich geworden war. Sie wollten wissen, was in Rom geschehen war. Er erzählte es ihnen. Darauf füllten sie zehn Kästen mit demselben Sand und brachten sie dem Kaiser, der den Sand in der Schlacht einsetzte und merkte, daß er wertlos war. Und natürlich wurden die Diebe eingesperrt, verurteilt und gehenkt. Warum griff Elias nicht auch ihretwegen ein? Schließlich war er doch ein gerechter Mann. Er hätte können, tat es aber nicht.

Er rettete aber einen anderen Weisen – Rabbi Kahana –, und zwar auf noch direktere Weise. Dieser weise Mann war so arm, daß er seinen Lebensunterhalt als Hausierer verdienen mußte. Seine Hauptkunden waren Frauen. Eine von ihnen, eine römische Matrone, war so beeindruckt von seiner Schönheit, daß sie alles tat, um ihn zu verführen. Er widerstand lange, aber sie gab nicht nach. Schließlich sagte er: »Ich will gehen und mich fertig machen.« Statt dessen kletterte er auf das Dach und stürzte sich hinab. Elias fing ihn mitten in der Luft ab und sagte vorwurfsvoll: »Ich mußte mich beeilen, deinetwegen, ich war weit weg.« – »Ich hatte keine andere Wahl«, erklärte Rabbi Kahana, »ich bin arm, ich bin Hausierer und treffe alle möglichen Frauen, und daher bin ich allen möglichen Gefahren ausgesetzt.« Um ihn vor künftigen ähnlichen Gefahren zu bewahren, gab ihm Elias einen Haufen Münzen, so daß er das Hausieren aufgeben konnte.

Aber natürlich setzt sich Elias noch viel geschickter und hundertmal entschiedener ein, wenn es darum geht, eine jüdische Gemeinschaft und nicht nur einen einzelnen Menschen zu retten.

Beispiel: Als Gott beschloß zuzulassen, daß Haman die in Persien lebenden Juden vernichtete, wehklagte die wie eine Witwe gekleidete Thora vor Gott, desgleichen taten die Engel, und alle sprachen: »Wenn Israel vernichtet wird, was sollen wir dann noch in der Welt?« Als Sonne und Mond das Wehklagen hörten, hielten sie ihr Licht zurück, und Elias beeilte sich, Abraham und Isaak, Jakob und Moses wachzurütteln: »Eure Kinder sind in Gefahr, und ihr schlaft?« So gelang es Elias, sie alle zu wecken und das Unheil abzuwenden.

Auf ihn konnte man immer zählen, wenn es galt, Opfer zu schützen, das Böse zu vernichten, Ungerechtigkeiten wiedergutzumachen und Katastrophen zu verhindern. Er war in vieler Hinsicht begabt: politisch, wirtschaftlich, sogar medizinisch. Als Rabbi Shimi bar Ashi von einer Schlange gebissen wurde, heilte ihn Elias. Als Rabbi Yehuda ha-Nassi schlimme Zahnschmerzen hatte, half ihm Zahnarzt Elias.

Aber der Wundertäter ist auch Geheimnisträger. Die Mystiker lieben ihn: er regt ihr Suchen an und ihre Träume. Das gleiche gilt ebenso für Intellektuelle. Wenn sich zwei Thesen diametral entgegenstehen, ist es an Elias, den toten Punkt zu überwinden. Eines Tages wird er kommen und alle Spannungen, alle Konflikte lösen. Als Richter und Unparteiischer besitzt er das Wissen, das der Wahrheit Recht verschafft.

Es wird immer wieder betont, er vermittle den wenigen Auserwählten geheimes Wissen. Ihm wird sogar ein Buch zugeschrieben – ›Tana d'bei Eliyahu‹ –, das seine angeblichen Lehren enthält, die er an einer Schule seines Namens vertreten habe.

Oft verkörpert er die Verbindung zwischen Himmel und Mensch, zwischen Mensch und Mensch. Ihm werden Fragen vorgelegt, die sich auf nie zu offenbarende Geheimnisse beziehen. Nur er allein könnte den Schleier heben und in unsichtbare Heiligtümer vordringen.

Eine Geschichte: Rabbi Barouka aus Huzza besuchte den Markt von Lapet. Eines Tages erschien ihm dort Elias, und Rabbi Barouka fragte ihn: »Ist unter den vielen Menschen hier jemand, der auch an der künftigen Welt Anteil haben wird?« – »Keiner«, erwiderte Elias. Unterdessen tauchte ein Mann auf, der schwarze Schuhe trug, aber keine ›Tziziot‹ – Fransen – an seinem Rock. »Dieser Mann«, bemerkte Elias, »dieser Mann wird daran teilhaben.« Daraufhin sprach Rabbi Barouka den Fremden an und fragte ihn nach seinem Beruf. »Ich bin Kerkermeister«, sagte der Fremde. »Nachts schiebe ich mein Bett zwischen Männer und Frauen, um sie getrennt und von der Sünde fern zu halten.« – »Und warum trägst du schwarze Schuhe?« – »Weil ich traure um Jerusalem.« – »Und warum keine Fransen?« – »Weil ich nicht als Jude erkannt werden will. Wenn unsere Herrscher sich gegen unser Volk verschwören, passe ich auf und warne unsere Rabbis, so daß sie beten und die Gefahr abwenden können.« Dann tauchten zwei weitere Männer auf dem Marktplatz auf. »Auch diese Männer«, sagte Elias zu Rabbi Barouka, »werden an der neuen Welt teilhaben.« – »Was tut ihr?« fragte sie Rabbi Barouka. »Wir sind Spaßmacher. Wenn wir jemand traurig sehen, heitern wir ihn auf; wenn Leute sich streiten, bringen wir sie zum Lachen.«
Elias ist immer der, der weiter sieht, der größeres Verständnis hat und tiefer fühlt. Er kennt die richtigen Fragen und auch die richtigen Antworten: wann kommt die Erlösung? Welchen Sinn hat menschliches Leiden? Und auch das: was tut Gott, während wir weiter hoffen oder alle Hoffnung in Ihn verlieren, Seinetwegen?
Eine Geschichte: In einem talmudischen Lehrhaus entstand eine heftige Auseinandersetzung über ein gewisses Problem, und Rabbi Eliezer bot seine ganze Überredungskunst auf, konnte sich aber bei seinesgleichen nicht durchsetzen. Da ihm weitere Vernunftgründe fehlten, sagte er plötzlich: »Wenn ich recht habe, soll sich dieser Johannisbrotbaum einige hundert Meter fortbewegen.« Und er bewegte sich. Nicht sehr beeindruckt entgegneten seine

Kollegen: »Ein Baum kann kein Beweis sein.« Also rief Rabbi Eliezer: »Der Fluß soll es beweisen!« Und er tat es: seine Wasser begannen, rückwärts zu fließen. Unbeeindruckt zuckten die Kollegen die Schultern: »Flüsse können fließen, wie sie wollen, aber das hat nichts mit unserer Diskussion zu tun.« – »Gut«, sagte Rabbi Eliezer, »wenn ich recht habe, sollen es die Mauern dieses Hauses bestätigen.« Und sie taten es. Sie wölbten sich nach innen und drohten, einzufallen. Aber Rabbi Josua gebot ihnen Einhalt: »Wenn Gelehrte streiten, geht es euch nichts an.« Um also Rabbi Josua einen Gefallen zu tun, fielen die Mauern nicht ein, um aber auch Rabbi Eliezer angenehm zu sein, richteten sie sich nicht wieder ganz gerade auf. Rabbi Eliezer war am Ende seiner Weisheit und sagte nur noch: »Wenn ich im Recht bin, dann möge der Himmel es bestätigen.« Darauf ertönte eine himmlische Stimme: »Warum seid ihr heute gegen Meinen Sohn, den Rabbi Eliezer? Wißt ihr nicht, daß seine Auslegung Gesetz ist?« Das beeindruckte sie nun doch. Aber Rabbi Josua sprang auf und erklärte: »Das Gesetz ist nicht im Himmel – Stimmen von oben beachten wir nicht. Hier richten wir uns nach der Mehrheit.«
Später traf Rabbi Nathan Elias und fragte ihn: »Was tat Gott während dieser Auseinandersetzung?« Und Elias antwortete lächelnd: »Gott hörte zu und sagte lachend: ›Nitzchuni banai – Meine Kinder haben Mich geschlagen.‹«
(Ich möchte eigentlich die Orthographie verändern und sagen: »Natzchuni banai – bitte, Kinder, besiegt Mich!« Gott liebt es, von Seinen Kindern geschlagen zu werden, aber nur in verbalen Auseinandersetzungen.)

Eines Tages strafte Elias Rabbi Josua, indem er ihm aus dem Wege ging. Warum? Wegen der folgenden Episode. Ein gewisser Ulla ben Kosheb wurde von der Polizei gesucht; er floh, und Rabbi Josua ben Levi versteckte ihn. Darauf warnte die Polizei die Einwohner von Lud: »Wenn wir ihn nicht kriegen, seid ihr alle dran.« Daraufhin setzte Rabbi Josua dem Flüchtling zu, sich zu stellen. Und deswegen war der Prophet zornig.

Genaugenommen hatte er unrecht und der Gelehrte recht. Das Auslieferungsgesetz ist deutlich: wenn eine Gruppe Heiden eine jüdische Gemeinde umzingelt und fordert: »Gebt uns einen der euren heraus, und wir werden ihn töten, sonst töten wir euch alle«, muß die Gemeinde Widerstand leisten. Besser, selbst getötet zu werden, als einen der Ihren auszuliefern. Wenn aber die Heiden einen Flüchtigen namentlich nennen, dann muß er überstellt werden. In diesem Falle, da die Polizei Ulla ben Kosheb verlangte, mußte ihn Rabbi Josua ben Levi ausliefern, um die Gemeinde zu retten. Warum war also Elias zornig? Er selbst erklärte es: »Du hast recht – aber ich liebe nun einmal keine Denunzianten.«

Einige Schriftgelehrte fühlten sich deshalb bewogen, ihn wegen dieser Strenge und Überempfindlichkeit zu kritisieren, und Rabbi José tat es öffentlich. Daraufhin wurde er von Elias lange Zeit geschnitten. Als sie sich wieder trafen, sagte Rabbi José: »Habe ich es nicht gesagt? Ihr seid zu empfindlich.«

Aber nicht nur Gelehrte und Heilige werden von Elias aufgesucht. Sie allerdings haben das Vorrecht, ihn zu sehen, aber er sieht alle. Er liebt die armen Leute, die Frommen, die einfachen Menschen. »Gott erwog alle Gabe, die er Israel verleihen könnte, und fand keine bessere als – Armut«, erklärte er einmal. Er besuchte alle jüdischen Häuser wenigstens einmal im Jahr – während des Passahfestes und nimmt an allen Beschneidungszeremonien teil. Jeder Jude, der in die jüdische Gemeinde aufgenommen wird, muß von ihm willkommen geheißen werden; er ist in unserer Freude bei uns, wie wir bei ihm.

Aber seine höchste Würdigung erfährt er in der mystischen und chassidischen Literatur, wo er sowohl Lehrer wie Bote ist, Quelle und Gefäß, Form und Inhalt. Gilui Eliyahu ist mehr als ein Begriff, es ist ein Wagnis, das dem messianischen nahekommt. Lurianische

Gelehrte der nachspanischen Kabbala beschwören ihn ekstatisch. Die Gefährten des Baal Schem widmen ihm ihre Träume. Von allen Propheten ist es Elias, der die Phantasie beflügelt. Warum? Weil Malachias ihn definitiv mit dem Messias in Verbindung bringt? Wegen des Ausdrucks »Veheshiv lev avot al banim – Er wird Kinder und Eltern versöhnen«? Weil er sieben Jahre nach seinem Tode einen Brief an Jehoram ben Jehosafat schickte? Warum ist er von allen Propheten zum Symbol des Trostes geworden? Warum Elias und nicht Jeremias oder Jesaja? Warum hat seine Legende generationenlang unser mystisches Streben so beeinflußt vor und nach der Verbannung, in Jerusalem und in der Ferne? Elias: der große Held, der romantische Retter, Inbegriff von Ritterlichkeit, Glauben und Mut, besonders in der chassidischen und Midrasch-Literatur.

In diesen Geschichten fällt uns auf, daß, wenn irgendwo von einem Fremden die Rede ist, dieser die Identität des Elias annimmt. Zuerst ist Elias der Unbekannte, und dann wird der Unbekannte Elias. Ein Fremder sagte etwas Richtiges, tut etwas Gutes: das muß Elias sein. Ein Mann ohne Namen oder Beruf taucht von irgendwoher auf, um einen geheimen Auftrag zu erfüllen: es muß Elias sein. Der beste Beweis dafür ist, daß er nach getaner Arbeit sofort verschwindet. Und sein Verschwinden ist genauso geheimnisvoll wie sein Auftauchen. Er antwortet auf unsere im Innersten gehegten Wünsche: Er ist der zehnte Mann für den Gottesdienst, der geheime Bote, der dem Fürsten rät, seinen schädlichen Erlaß zu widerrufen, der mitleidige Nichtjude, der den Henker in letzter Minute stoppt, der geheimnisvolle Reisende, der im richtigen Augenblick am richtigen Ort eintrifft, der einem verzweifelnden Menschen oder einer verzweifelnden Gemeinde beweist, daß Hoffnung immer möglich ist unter ständig wechselnden Vorzeichen.

Aber eines Tages wird er kommen und bleiben. An jenem Tag wird er den Messias begleiten, mit dessen Schicksal er verbunden

ist. Der eine kann seine Mission nicht ohne den anderen vollbringen. Ehe der Messias kommt, muß Elias kommen und ihn ankündigen.
In der Zwischenzeit tröstet und heilt er Kranke. Er spricht den Hilflosen Mut zu. Er wagt es unter Gefahren, den Feinden entgegenzutreten, um das Überleben der Juden zu sichern: wir haben keinen besseren Verteidiger im Himmel als Elias. Er weiß um das Leiden der Juden und spricht mit Gott darüber. Er ist in der Tat Chronist und Historiker jüdischen Leidens. Er registriert jedes tragische Ereignis, jedes Massaker, jedes Pogrom, jede Todesangst, jede Träne; dank ihm gerät nichts in Vergessenheit. Seine hervorragendste Rolle ist die des Zeugen; er ist das Gedächtnis des jüdischen Volkes. Die Legende will es, daß am Ende der Zeit sein Buch die neue Thora werden wird, vom Messias gelesen und gelehrt, so daß die Menschheit für alle Zeiten sich des Leidens, des Wartens und des Sehnens der Juden erinnern wird.
Wir stehen wieder vor unserer Ausgangsfrage: Wie ist diese Wandlung zu erklären? Wie wurde aus dem Propheten des Zornes ein Bote der Verheißung?
Wir könnten es mit Logik versuchen und sagen, die eine Rolle ergäbe sich aus der anderen; weil Gott ihn streng, unnachgiebig und erbarmungslos wollte, wurde er später damit belohnt, Symbol des Gegenteils zu sein. Diese Hypothese wird gestützt durch die ungewöhnliche Art seines Todes: er starb nicht eigentlich, er fuhr nur in einem Wagen von Feuer auf gen Himmel, und deswegen ist er, und nur er allein kann das sein, noch unter den Lebenden, wenn auch in einer anderen Rolle.
Aber studiert man die Quellen gründlich, kommt man zu einer weniger revolutionären Erklärung. Man entdeckt überhaupt keinen Widerspruch zwischen dem biblischen und dem nachbiblischen Elias. Auch zu Beginn der biblischen Erzählung war er gütig und barmherzig. Gewiß war er auch streng, aber nur mit Königen, Herrschern und Tyrannen, nie mit den einfachen Leuten, mit Wit-

wen, Waisen und den Armen. Während der Zeit der Trockenheit war er traurig – Vayichbosh panav –, sein Gesicht war von Schwermut verhüllt, er konnte die Qual seines Volkes nicht ertragen und ließ es daher wieder regnen.
Er war auch grausam, mit Isebel und ihren Hofpropheten, aber er war zartfühlend mit dem kranken Kind. Er tötete die falschen Propheten, aber er freute sich nicht über ihren Tod.
Dasselbe gilt für den Elias der nachbiblischen Legende. Auch da ist er nicht nur der Vergebende oder der Verbietende; seine Sympathien und Antipathien sind stark. Aber wenn er Anerkennung zollt, tut er das aus vollem Herzen, und wenn er mißbilligt, desgleichen. Seine letzte Tat wird sein, den Tod zu besiegen. Richtig, er wird töten müssen, aber sein Opfer wird der Tod selbst sein.
Wenden wir uns noch einmal dem Beginn unserer Erzählung zu, als Elias und sein junger Freund zum letzten Mal zusammen durch das Land ziehen. Dort finden wir nämlich schon die Erklärung dafür, warum Elias unsere Phantasie so beschäftigt.
Der Prophet kann lieben, kann leiden mit anderen und Freundschaft halten. Als Gott ihm befahl, neue Könige inner- und außerhalb Israels, in Aram, zu salben und Elischa zu seinem Nachfolger zu ernennen, wird er von quälenden Zweifeln geplagt.
›Vayelekh misham‹, heißt es im Text. Elias macht sich auf den Weg und findet Elischa beim Pflügen auf den Feldern. Ohne ein Wort wirft ihm Elias seinen Mantel hin. Elischa versteht die Bedeutung dieser Geste, läuft zu ihm und kümmert sich nicht mehr um seine Ochsen. »Laß mich Abschied von meinen Eltern nehmen«, sagt Elischa, »dann werde ich dir folgen.« – »Was habe ich dir gesagt?« fragt Elias, d. h. mit anderen Worten: »Hast du wirklich meine Geste verstanden und die Bedeutung unserer Begegnung? Wenn ja, gehörst du nicht mehr deiner Familie, bist nicht mehr durch alte Loyalitäten gebunden. Folge mir und nur mir.« Und Elischa folgte ihm, und sie waren allein.
Dieser ergreifende Dialog macht uns deutlich, was Prophetie ist,

wie sie sich äußert und welche Tragweite sie hat. Ein Prophet gebraucht die gleichen Worte wie jeder andere, und doch nehmen sie auf seinen Lippen eine andere Bedeutung an. Ein Prophet kann im alltäglichen Ereignis und scheinbar sinnlosen Begebenheiten das zeitlose Drama erkennen. Dank des Propheten wird Zeit biblisch, d. h. herausgehoben.
Und jetzt verstehen wir Elias' Abschiedswort an Elischa: Du willst, daß deine Kräfte doppelt so groß werden wie die meinen? Wenn du mich weggehen siehst, wenn du lernst, die Ereignisse zu betrachten und an ihnen teilzuhaben, wenn du verstehst, Qual und Verzweiflung ins Auge zu sehen und über sie hinauszugelangen, und später von ihnen berichten kannst, dann wird dein Wunsch erfüllt werden: du wirst meine Kräfte haben und die deinen dazu. Und du wirst sie brauchen. Ich bin dein Lehrer, aber du bist der, der weiterleben wird. Ich dachte, ich sei allein, und ich war es und bin es immer noch, aber nun bist du bei mir, und auch du wirst allein sein und bist es schon. Du wirst predigen und wirst Stärke und Glück brauchen, um dir Gehör zu verschaffen. Du wirst dem Volke sagen, was du gesehen und erlebt hast – und was ich erlebte und erlitt –, und du wirst von meinem Abschied berichten, von meinem Schicksal, und wie es zur Flamme wurde, du wirst von dem Feuer erzählen, das mich von dir wegtrug, und man wird dir keinen Glauben schenken. Und du tust mir leid. Du wirst predigen, und nur wenige werden zuhören, und noch weniger werden begreifen, und noch einmal weniger werden dir zustimmen. Du tust mir leid, Elischa, mein junger Freund, denn was du jetzt sehen wirst, wird nie ein anderer sehen. Und doch wird das Feuer, das mich wegträgt, nicht bei mir bleiben, sondern bei dir. Für immer.

# Anhang

# GLOSSAR

*Im folgenden werden verschiedene Schreibweisen der Personen- und Ortsnamen wiedergegeben; schon bei Buber und Wiesel finden sich für die gleichen Namen verschiedene Varianten, die teils beide von der in der Literatur üblichen Schreibweise abweichen. Dort, wo beim Verweis auf biblische Bücher für ein Buch zwei Bezeichnungen angegeben sind, stammt die zweite aus der Bibelübertragung Martin Bubers und Franz Rosenzweigs.*
*Wenn innerhalb der Einträge des Glossars auf einen anderen Eintrag verwiesen werden soll, der eine wichtige inhaltliche Ergänzung bringt, so ist das betreffende Stichwort in kursiver Schrift gedruckt.*
*Das Hauptgewicht wurde im folgenden auf die Stichworte mit Bezug zur Zeit des Elias bzw. zur biblischen Geschichte Israels gelegt; doch wurden auch Einträge zu den wichtigsten darüber hinaus bei Wiesel erwähnten Personen, hauptsächlich talmudischen Meistern, erstellt.*

T. R.

*Abraham* biblischer Erzvater Israels.

*Achab / Ahab* König von *Nordisrael* (ca. 871-852), heiratete die phönizische Prinzessin *Isebel* und führte den tyrischen Baalskult ein, den Elia bekämpfte. Nach I Könige 22 soll Ahab in einer Schlacht gegen *Ben-Hadad* bei Ramot-Gilead, mit *Josaphat* von Juda als Verbündetem, getötet worden sein.

*Achija / Ahija* biblischer Prophet; stammte aus Schilo, einer Stadt im Süden Nordisraels; nach I Könige 11 unterstützte er zur Zeit des Königs Salomo *Jerobeam ben Nebat* und sagte die Teilung des Reiches voraus (s. *Israel*).

*Ahazia / Ahasja* Sohn und von ca. 852-851 v. Nachfolger *A(c)habs* als König von Nordisrael; starb nach nur knapp zweijähriger Regierungszeit.

*Aram, Aramäer* von verschiedenen aramäischen Staaten ist hier Aram-Damaskus gemeint; zur Zeit Ahabs und Elias' war *Ben-Hadad II.* König.

*Aschtart / Astarte (Istar)* phönizische Göttin (vgl. I Könige 11 und II Könige 23).

*Assur / Assyrien* am mittleren Tigris in Mesopotamien gelegenes Land. Assyrien erstarkte zur Zeit *Omris* unter Assurnasipal II. (ca. 884-859) und wurde zu einer aggressiven, militanten Macht, von der sich *Damaskus*, das neohethitische Reich Hamat und Nordisrael bedroht fühlten.

*Baal (Pl. Bealim)* Baale waren zur Zeit der israelischen Einwanderung in *Kanaan* verbreitete Fruchtbarkeitsgeister; als persönliche Baal-Gottheit in Syrien und Phönizien. Die wirtschaftlichen und militärischen Bindungen Israels an die syrisch-phönizischen Staaten, vor allem an *Tyrus*, hatten zu Folge, daß diese Gebiete auf Israel religiöse und kulturelle Einflüsse ausübten. So wurde am königlichen Hof der Melkart-Kult, die Verehrung des tyrischen Baal, eingeführt. In Samaria, der Hauptstadt Nordisraels, wurde ein Baal-Tempel erbaut, tyrische Priester versahen hier ihren Dienst.

*Baalath und Baal* aus Kanaan stammende, von den eindringenden Hebräern teils übernommene Vorstellung der Fruchtbarkeit des Landes durch Begattung von weiblichem und männlichem Baalswesen, weiblicher und männlicher Macht, Baalath und Baal.

*Baal Schem* Rabbi Israel ben Elieser, ca. 1699-1760, genannt der »Baal-Schem«, d.h. »Meister des Namens«, oder der »Baal-Schem-Tow«, der »Meister des guten Namens«; Begründer des *Chassidismus*; lebte und wirkte in Podolien.

*Ben-Hadad* Ben Hadad II., König von Aram-Damaskus; zunächst Gegenspieler (vgl. die 11. Szene des »Elija«), später (853 v.)

Verbündeter *A(c)habs* im Rahmen eines 12er-Bündnisses gegen den *Assyrer* Salmanassar III., zuletzt wieder Gegner.

*Beth-El / Bethel* »Gotteshaus«; altisraelische Kultstätte nördlich von Jerusalem, religiöses Zentrum des israelischen Nordreichs; von *Jakob* nach seinem Traum von der Himmelsleiter mit der Vision, daß aus ihm ein Volk Gottes hervorgehen sollte, so genannt (Gen 28, 11-22).

*Chasael / Hasaël* Feldherr und Nachfolger *Ben Hadads* etwa 843 v.; besiegte Joram, den zweiten Sohn Ahabs, der Nachfolger *Ahazias* wurde, in einer Schlacht bei Ramot-Gilead (vgl. »Elija«, 18. Szene).

*Chassidismus, Chassidim* »Chassid« (Pl.: Chassidim) bedeutet »der Fromme«; Israel ben Elieser, der Baal-Schem, war der Gründer dieser weltzugewandten mystischen Bewegung, die seit der Mitte des 18. Jh., von Südostpolen ausgehend, vor allem in der Ukraine, in Galizien, Zentralpolen, Weißrußland und Ungarn unter breiten Schichten der jüdischen Bevölkerung ihre Anhänger fand. Im Chassidismus wurde die *Kabbala* von *Isaak Luria* popularisiert. Anders als die Kabbala preist der Chassidismus die Freude und bekämpft Trauer und Fasten.

*Damaskus* s. Aram.

*David* König von Juda und *Israel* von ca. 1004-965 v.; Ausweitung des Staatsgebiets durch Eroberungen. Unter David wurde Jerusalem Hauptstadt und religiöses Zentrum, in das er das Symbol der Einheit der Stämme Israels, die Bundeslade, bringen ließ.

*Der gottloseste König war Ahab, der mehr sündigte als sein Vater Omri und dieser wiederum mehr als sein Vater Jerobeam ben Nebat.* Ahab war der Sohn Omris. Auf Jerobeam ben Nebat folgten die Könige Nadab (sein Sohn; 907 / 906 v.; von Baesa ermordet), Baesa (ca. 906-883; ließ Nadabs gesamte Familie ausrotten), Ela (Sohn Basas, ca. 883-882; von Simri ermordet), Simri und dann Omri. Ahab und Omri waren also nicht wirklich mit Jerobeam verwandt.

*El* übers. »der Mächtige«; allgemeinste gemein-semitische Gottesbezeichnung; vgl. zusammengesetzte Namen wie »El-beth-el«, Gott des Gotteshauses (Gen 35, 7), »El-olam«, Gott der Urzeit (Gen 21, 33), »El-Eljon«, der Höchste (Dt 32, 3).

*Eliezer* Eliezer ben Hyrkanos, meist nur Eliezer (Elieser) genannt, Tannaite (s. *Talmud*); lebte Ende des 1. / Anfang des 2. Jh. n. Nach der Zerstörung des Zweiten Tempels (70 n. durch die Römer) war Eliezer ein bedeutender Gelehrter des Bet Din, des jüdischen Gerichtshofs in Jawne (von 70-135 n. ein Zentrum des rabbinischen Judentums).

*Elischa, Sohn des Shapat / Elischa ben Schafat* Prophet; Schüler und Nachfolger des Elias; stand in Opposition zu Ahabs Sohn Joram. Nach II Könige 9 ließ Elischa durch einen Abgesandten *Jehu* zum König salben, war also in dessen Aufstand gegen Joram verstrickt.

*Ethbaal / Etbaal* Gründer einer neuen Dynastie in Tyrus; das Bündnis zw. Etbaal und Nordisrael unter *Omri* wurde durch die Heirat seiner Tochter *Isebel* mit Omris Sohn *A(c)hab* besiegelt.

*Gilead* Gebirge östlich des Jordan, biblische Bezeichnung des Gebiets zwischen den Flüssen Jarmuk und Jabbok.

*Gilgal* »Steinkreis«, Name verschiedener altisraelischer Orte und Kultstätten, z.B. G. bei Jericho, bei Sichem.

*Haman* Feind der Juden im biblischen Buch Ester.

*Hasaël* s. Chasaël

*Hoherpriester* höchste erbliche Priesterwürde; erste Hohepriester waren Aaron, der Bruder Moses, und sein Sohn Eleasar.

*Isaak* einer der drei biblischen Erzväter Israels, Sohn Abrahams und Saras.

*Isebel* Tochter *Et(h)baals* von Tyrus, die *A(c)hab* heiratete; über die Verbindung Isebel-Ahab kam der *Baalskult* nach Israel, so daß Isebel für die Anhänger des JHWH-Glaubens Haupt-Gegnerin war. Auf Anordnung *Jehus* 842 v. ermordet.

*Israel* von einer staatlichen Einheit »Israel« kann man erst mit der Errichtung des Königtums seit dem 10. Jh. v. sprechen; auf Saul (ca. 1025-1004 v.) folgten David (ca. 1004-965) und dessen Sohn Salomo (ca. 965-928). Die Revolte *Jerobeam ben Nebats* gegen Salomos Sohn Rehabeam (König ca. 928-910 v.) führte zur Spaltung Israels in ein Nordreich (für das nun die Bezeichnung »Israel« stand; mit den wechselnden Residenzen Sichem, Penuel und Tirza) unter Rehabeam und in das südliche Königreich Juda (mit der Hauptstadt Jerusalem) unter König Jerobeam I. Nach Jahren der Auseinandersetzung zwischen beiden Königreichen gab es unter *Josaphat (Jehoschafat)* auf der einen und *Omri* und *A(c)hab* auf der anderen Seite eine Wiederannäherung zwischen Juda und Nordisrael; der Friedensschluß zwischen Josaphat und Ahab wurde vom Nordreich dominiert und bedeutete für Juda die Heeresfolge gegenüber dem Norden. Das Nordreich (Israel) ging ca. 721 v., besiegt durch die Assyrer, unter; Juda bestand bis zur Eroberung Jerusalems durch die Babylonier 587/86 v.

*Jaakob / Jakob* biblischer Erzvater; nach seinem Kampf mit dem Engel (Gen 32, 25-31) erhielt er den Ehrennamen »Israel«, d. i. »Gottesstreiter«.

*Jehoram ben Jehosafat / Joram ben Josaphat* König von Juda ca. 852-845 v.; Sohn und Nachfolger *Josaphats*, Vorgänger des auf Anordnung *Jehus* 842 v. hingerichteten Ahasja von Juda (nicht zu verwechseln mit *Ahasja /Ahazia*, dem Sohn Ahabs).

*Jehoschafat / Jehosafat / Josaphat* König von Juda ca. 868-847; Urenkel Salomos (s. *Israel*).

*Jehu* König über Nordisrael von ca. 842-814 v.; Jehu ben Nimschi war General unter Ahabs Sohn Joram (König ca. 851-842; nicht zu verwechseln mit Jehoram / Joram ben Josaphat; Nachfolger seines Bruders *Ahazia*). Die militärischen Mißerfolge Jorams, so gegen *Chasaël*, und eine Dürreperiode führten zu einem von Jehu angeführten Aufstand. Jehu ermordete Joram und ließ Ahasja von Juda wie *Isebel*, die Frau Ahabs und Mutter Jorams, töten. Ahabs gesamte Nachkommenschaft wie diejenigen, die dem *tyrischen Baal* gedient hatten, wurden ausgelöscht.

*Jeremias* biblischer Prophet, wirkte hauptsächlich unter den drei letzten Königen Judas (Jojakim, 608-598; Jojachin, 598 / 597; Zedekia, 597-587); sagte die Zerstörung des Tempels in Jerusalem voraus, die er miterlebte; starb vermutlich in Ägypten. Vgl. das biblische Buch Jeremia / Jirmejahu.

*Jericho* östlich von Jerusalem gelegene Festung am Jordan, durch *Josua* zerstört, unter Ahab wieder aufgebaut.

*Jerobeam ben Nebat* Anführer eines Aufstandes gegen Salomo, mußte nach Ägypten fliehen. Wurde nach einer erneuten Revolte, nun gegen Salomos Sohn Rehabeam, als Jerobeam I. König von Nordisrael (ca. 928-907; vgl. *Israel*).

*Jerusalem* seit David und Salomo Hauptstadt von Juda und *Israel* mit der Königsburg Zion und dem Zentralheiligtum, dem Tempel. Zur Zeit des Elias Hauptstadt von Juda.

*Jesaja* biblischer Prophet; wirkte im 8. Jh. v. in Juda, hauptsächlich unter König Hiskia (regierte ca. 725-697). Vgl. das biblische Buch Jesaja / Jeschajahu; die Kapitel 40 ff. werden einem anderen Propheten, Deuterojesaja genannt, zugeschrieben.

*Jesreel* Ebene im Süden Galiläas. Hier (»Elija«, 13. Szene) Stadt, Winterresidenz des israelischen Königs.

*Jordan* Hauptstrom in Palästina, der im Gebirge Hermon im heutigen Libanon entspringt, den See Genezareth durchfließt und ins Tote Meer mündet.

*José* Jose ben Chalafta, Tannaite im 2. Jh. Er wurde später als »der Heilige« bezeichnet. Man erzählte von ihm, daß ihm öfter der Prophet Elias begegnet sei (vgl. im Talmud Berachot 3 a; Jewamot 63 a; Sanhedrin 113 b).

*Josef* elfter Sohn Jakobs; vgl. die bibl. Josefs-Erzählung (Gen 30; 37; 39-50).

*Josua* biblische Gestalt, Nachfolger Moses, eroberte *Kanaan* und erneuerte den Bund mit JHWH. Mit Josua beginnt die Geschichte der Juden im Land Palästina. (Vgl. das biblische Buch Josua / Jehoschua.)

*Josua / Jehoschua* Rabbi Jehoschua ben Chananja, Tannaite (s. *Talmud*); einer der wichtigsten Schüler des berühmten Tannaiten Jochanan ben Zakkai; lebte Ende des 1. / Anfang des 2. Jh. n. Nach der Zerstörung des Zweiten Tempels 70 n. wie *Eliezer ben Hyrkanos* Gelehrter am Bet Din in Jawne.

*Josua / Jehoschua* Jehoschua ben Levi lebte im 3. Jh. n. und wurde in Lod geboren, wo er auch lehrte; siedelte später nach Tiberias über. Er gehörte zu den Amoräern (s. *Talmud*).

*Juda, König von Juda* s. Israel.

*Kabbala* »Überlieferung«; jüdische Mystik und Geheimlehre, entwickelte sich seit dem 12. Jh. n. vor allem im spanischen Judentum. Verbreitung mit der Vertreibung der Juden aus Spanien (1492). Eine besondere, messianisch gefärbte Ausprägung erfuhr die Kabbala durch *Isaak Luria* (s. auch *Chassidismus*).

*Kanaan* biblische Bezeichnung des Landes Israel und seiner Urbevölkerung; seit Beginn des 3. Jt. v. bestanden hier zahlreiche Stadtstaaten; während des 2. Jt. v. geriet die Region u.a. unter ägyptischen und hethitischen Einfluß. Zwischen dem 12. und dem 14. Jh. v. ließen sich die Israeliten im Landesinneren, die Philister in den Küstenstreifen nieder. Jerusalem, Meggido, Taanach, Bet-Schean gehörten zu den kanaanäischen Stadtstaaten, die zur Zeit des vereinten Königreichs, unter David, erobert wurden.

*Karmel* Gebirgszug im damaligen Nordisrael, bei Haifa, an der

Westküste. Nach I Könige 18 führte Elias hier das Gottesurteil gegen die Baalskünder herbei (vgl. 10. / 11. Szene des »Elija«).

*Luria, Isaak* (geb. 1534 in Jerusalem, gest. 1572) Kabbalist; *Kabbala*-Studium u.a. in der nordisraelischen Stadt Safed; seine vor allem mündliche Lehre wurde von seinem Schüler Chajim Vital aufgezeichnet und schriftlich überliefert.

*Malachias* biblischer Prophet. Das Buch Malachi(as) / Maleachi, das letzte Prophetenbuch, schließt mit den auf Elias bezogenen Zeilen: »Wohlan, ich sende euch Elija den Künder, / bevor MEIN Tag, der große und furchtbare kommt, / daß er umkehren lasse / der Väter Herz zu den Söhnen, / der Söhne Herz zu ihren Vätern, – / sonst komme ich und schlage das Land mit dem Bann.«

*Meir* Rabbi Meir war ein bekannter Tannaite; er lebte im 2. Jh. n., hatte am Gerichtshof in Uscha das Amt des Chaham, des Leiters der Sitzung, inne. Nach einem Konflikt mit dem Präsidenten des Sanhedrin, Simon ben Gamliel, dem Vater *Yehuda ha-Nassis*, verließ Meir Palästina und lebte in Kleinasien.

*Melkart* »Stadtkönig«, der tyrische *Baal*.

*Menasche / Manasse, Stamm* s. Stämme Israels.

*Messianisch, Messias* (von hebr. »Maschiach«, »der Gesalbte«) gesalbter König Israels, Erlöser; in Zeiten großer Not war die Hoffnung auf den Messias besonders groß. Wichtiges Kennzeichen der jüdischen Vorstellung vom Messias ist, daß der Messias verborgen ist, d.h. nicht als solcher auftritt.

*Michaja / Michajhu, Sohn Jimlas* Prophet, der im bibl. Bericht dem *A(c)hab* Niederlage und Tod im Kampf gegen *Aram-Damaskus* verkündet und dafür eingesperrt wird (I Könige 22,1 ff., II Chronik 18). Zu seinen Gegenspielern, den Propheten, die Ahab zum Gefallen weissagten, gehörte Zidkija.

*Midrasch (Pl. Midraschim)* (abgeleitet vom hebr. Wort »darasch«,

»untersuchen«, »auslegen«, »erklären«) Bezeichnung für die rabbinische Auslegung der Bibel; der Midrasch Rabba z.B. ist eine Sammlung von zehn Midraschim zur Thora (fünf Bücher Mose) und den Megillot (Sing.: Megilla, d.h. Rolle – das Hohelied, das Buch Ruth, die Klagelieder Jeremias, der Prediger Salomo, das Buch Ester); weitere Midraschsammlungen u.a. aus der Zeit der Tannaiten über Exodus, Leviticus, Numeri, Deuteronomium.

*Moab* Reich südwestlich des Toten Meeres, teils unabhängig, teils von Israel besetzt (unter Omri und Ahab unter nordisraelischer Herrschaft).

*Moses* biblischer Prophet, Mittler des Bundes zwischen Israel und Gott.

*Nabot(h)* zur Geschichte, die Buber und Wiesel wiedergeben, vgl. I Könige 21.

*Nasiräer* die Nasiräer, die »Geweihten«, hatten ein Gelübde abgelegt, eine gewisse Zeit keinen Wein zu trinken und ihr Haupthaar lang wachsen zu lassen; vgl. Numeri 6.

*Noah* Gerechter, der durch die Arche vor der Sintflut errettet wurde (vgl. Gen 5, 28-9, 29).

*Nordreich / Nordisrael* s. Israel.

*Omri* zunächst General der Armee, dann König von Nordisrael (ca. 882-871), Vater Ahabs (s. *Israel, Ethbaal*).

*Owadja / Obadja(hu)* unterstützte Elias und seine Anhänger unter den Propheten, die »Prophetenjünger« (bnei hanebi' im), am Hofe Ahabs (vgl. I Könige 18, 3 f.).

*Pharao* Bezeichnung für die altägyptischen Könige; vgl. die biblische Josefs-Erzählung in der Genesis.

*Phönizier* an der Nordküste Palästinas angesiedeltes Volk, in der Bibel benannt nach ihren Hauptstädten *Sidon* und *Tyrus*.

*Rabbi* (dt. Plural »Rabbinen«; hebr. »mein Meister«) Titel ordinierter Tannaiten und Amoräer in Palästina; die Ordination wurde mit Handauflegung (Semicha) anerkannt (vgl. die Übergabe der Führerschaft durch Mose an Josua in Num 27, 18 - 23 durch Handauflegen); seit dem 14. Jh. ist die schriftliche Urkunde eines Rabbinerseminars erforderlich. In verschiedenen Sprachen wird »Rabbi« auch als Bezeichnung für den »Rabbiner« verwendet, der als Lehrer, Richter, Prediger, Fachmann für die Halacha, die jüdischen Gesetze, und Leiter einer Gemeinde angestellt wurde.

*Rama* Stadt und Festung ca. 10 km nördlich von Jerusalem; gehörte seit Asa (König von Juda ca. 908-868) zu Juda.

*Ramot(h)-Gilead* s. Ben Hadad; Chasaël.

*Ringwall* s. Gilgal.

*Samaria* von *Omri* gegründete Hauptstadt *Nordisraels*, im Gebiet von Issachar auf dem Gebirge Efraim; das Land Samaria, zu dem auch der *Karmel* gehört, liegt zwischen Judäa im Süden und Galiläa im Norden Israels.

*Samuel* Priester und Prophet, im 11. Jh. v. der letzte in der Reihe der Richter (vgl. das biblische »Buch Richter«), der Saul und später David zum König salbte.

*Sidon* phönizische Hafenstadt an der Mittelmeerküste, westlich von Damaskus. König der Sidonier war *Et(h)baal*, der Gründer einer neuen Dynastie in *Tyrus*.

*Sinai* Halbinsel, Gebirge; Ort des Empfangs der Zehn Gebote durch Moses.

*Stämme Israels* aus den biblischen Büchern ergeben sich drei aus verschiedenen Zeiten stammende genealogische Systeme der Stämme Israels. Die Einteilung erfolgt nach den Kindern des Stammvaters Jakob, die er nach der biblischen Erzählung von seinen verschiedenen Frauen (einschließlich der beiden Sklavinnen Bilha und Silpa) hatte: Ruben, Simeon, Levi, Juda, Isaschar, Sebulon, Dina – Kinder Leas; Josef, Benjamin – Söhne Rahels;

Gad, Ascher – Söhne Silpas; Dan, Naphtali – Söhne Bilhas. Während im ersten System der Stamm Benjamin fehlt, dafür ein nach Dina, der Tochter Leas, benannter Stamm aufgeführt ist, ist im zweiten, das am häufigsten vorkommt, Dina durch Benjamin ersetzt. Im dritten, wahrscheinlich jüngsten Stammessystem existiert der Stamm Levi, der Priesterstamm, nicht mehr – aus dem Stamm Josef wurden Ephraim und Manasse (nach den beiden Söhnen Josefs). Nach der Reichsteilung standen sich der Norden als Zehnstämmereich und Juda als Zweistämmereich (Juda und Benjamin) gegenüber.

*Syrien, König von Syrien* hier identisch mit *Aram-Damaskus* mit seinem König *Ben-Hadad II.*

*Tabor* Berg im Nordosten der Ebene *Jesreel;* hier kreuzen sich die Gebiete von Isaschar, Sebulon und Naphtali (vgl. *Stämme Israels*).

*Talmud* nach der Bibel Hauptwerk des Judentums; ca. 500 n. abgeschlossene Sammlung von Texten, die über mehrere hundert Jahre mündlich überliefert worden waren. Nebeneinander entstanden sind der palästinensische oder Jerusalemer und der umfangreichere babylonische Talmud. Grundlage ist die Mischna, die in der Gemara diskutiert und kommentiert wird. Verschiedene Sammlungen von Lehrsätzen stammen von den »Tannaiten« oder »Tannaim« (»Schriftgelehrten«), die schließlich von *Yehuda ha-Nassi* kompiliert wurden. Die Kommentatoren der Mischna, die damit die Gemara schufen, sind die »Amoräer« (»Amoraim«; »Ausleger«).

*Tana d'bei Eliyahu / Tanna debe Elijahu* (»der Lehrer aus dem Lehrhaus des Elias«) Midraschwerk, das sich aber, anders als bei *Midraschim* üblich, nicht kommentierend auf den biblischen Text bezieht. Hauptthemen sind Thorastudium und rechtes ethisches Verhalten. In zahlreichen Erzählungen tritt Elias handelnd und lehrend auf.

*Thora* die fünf Bücher Mose / fünf Bücher der Weisung: Genesis / Das Buch im Anfang – Exodus / Das Buch Namen – Leviticus / Das Buch Er rief – Numeri / Das Buch In der Wüste – Deuteronomium / Das Buch Reden. Seit der Rückkehr aus babylonischer Gefangenschaft nach Jerusalem (ca. 458 v.) wurde die Thora unter Einfluß Esras zur religiös-ethischen Grundlage des Judentums.

*Tirza* Stadt im Gebiet Manasse im zentralen Bergland in Nordisrael.

*Tyrus, König von Tyrus* s. Et(h)baal.

*Yehuda / Jehuda ha-Nassi* Rabbi Jehuda, der »Fürst«, lebte von ca. 135-217 in Bet Shearim (am südöstlichen Abhang des *Karmel*), das er zum Sitz des Sanhedrin, des Gerichtshofs, machte, später in Sepphoris, wohin der Gerichtshof umgesiedelt wurde. Er war der Nassi, der Vorsitzende des Bet Din. Als Endredaktor der Mischna wählte er in bestehenden Sammlungen aus und bearbeitete sie; seine erste schriftliche Fixierung der mündlichen Lehre wurde der Standardkanon, der nicht weiter ergänzt, wohl kommentiert wurde (s. *Talmud*).

*Zeit des einigen Reichs* Zeit vor der Spaltung Israels in Nordreich und Juda mit den Königen Saul (regierte von ca. 1025-1004), David (ca. 1004-965) und Salomo (ca. 965-928); s. *Israel.*

*Zidkija, Sohn Knaanas* s. Michaja

Bibelzitat im Glossar nach der Übertragung von Buber / Rosenzweig:
Die Schrift. Verdeutscht von Martin Buber und Franz Rosenzweig. Gerlingen: Verlag Lambert Schneider.
– Die fünf Bücher der Weisung. Verdeutscht von Martin Buber gemeinsam mit Franz Rosenzweig (Bd. 1)
– Bücher der Geschichte. Verdeutscht von Martin Buber gemeinsam mit Franz Rosenzweig. (Bd. 2)
– Bücher der Kündung. Verdeutscht von Martin Buber gemeinsam mit Franz Rosenzweig. (Bd. 3)
– Die Schriftwerke. Verdeutscht von Martin Buber. (Bd. 4)

Grundlegendes Werk zur Geschichte Israels:
Geschichte des jüdischen Volkes. Von den Anfängen bis zur Gegenwart. Hrsg. von Haim Hillel Ben-Sasson. München: Verlag C. H. Beck 1992.

# EDITORISCHE NACHBEMERKUNG

Die biblische wie die nachbiblische Gestalt des Elias wird hier in zwei Beiträgen dargestellt, die bereits zuvor unabhängig voneinander veröffentlicht wurden.

Martin Bubers »Elija. Ein Mysterienspiel«, geschrieben Anfang 1955, erschien erstmals als Einzelausgabe im Jahre 1963 (Verlag Lambert Schneider, Heidelberg, 75 S.) und wurde ein zweites Mal im Rahmen der Werkausgabe abgedruckt (Martin Buber, Werke. Zweiter Band: Schriften zur Bibel, Kösel Verlag, München und Verlag Lambert Schneider, Heidelberg 1964, S. 1187-1229). Der Text der vorliegenden Ausgabe folgt der Werkausgabe, die in wenigen Textstellen von der Erstausgabe abweicht.[1] Eine englische Übersetzung von Maurice Friedman erschien in dessen Buch »Martin Buber and the Theater. Including Martin Buber's ›Mystery Play‹ ELIJAH« (Funk & Wagnalls, New York 1969, »Elija« S. 114-164).

[1] 1. Szene, 1. Dialog: »DIE STIMME (eindringlicher) ...« statt »DIE STIMME (im Hornstoß) ...«. Anfang 6. Szene: »Herr, Herr, was geschieht an mir!« statt »... was tust du an mir!«. Ende 6. Szene: »Und du hast mir keine Ruh mehr vergönnt, wie ein Sklavenhalter hast du mich umgetrieben.« statt »Und du hast mit mir geschaltet, hast mir keine Ruh ..., wie ein Sklavenhalter bist du mit mir umgesprungen.« 6. Szene, letzte Zeile: »über das Land« statt »übers Land«. Anfang 7. Szene, 1. Rede des Knaben: »Kommst du aus der Unterwelt?« statt »... aus dem Gruftreich?« Ende 7. Szene, Rede Elija: »Halt ein! Reich mir den Knaben!« statt »... Gib mir den Knaben!« Anschließende Beschreibung: »Elija nimmt den Knaben in die Arme« statt »... von ihrem Schoß«. 8. Szene, 4. Rede des Owadja: »... nach dir haben fahnden lassen« statt »... spähen lassen«; »... man wolle ihn narren« statt »... ihn äffen«. 19. Szene, 1. Rede Achab: »... ins Feld ziehn, Aram das uns geraubte Ramoth ...« statt »... um Aram das uns geraubte...«.

In seinem Mysterienspiel wendet sich Buber nicht zum ersten Mal der Gestalt des Elias zu: bereits 1904 und 1906 hatte er die beiden Gedichte »Elijahu« und »Das Wort an Elijahu« veröffentlicht.[2]

Hier, in »Elija«, geht Buber mit dem biblischen Grundtext (I Könige 17, 1 - II Könige 2, 18)[3] durchaus frei um; er fügt der biblischen Geschichte Szenen hinzu, wie die ausführliche Beschreibung der Begegnung mit JHWH zu Anfang oder sein Miterleben des Treibens am Baalstempel in der zweiten Szene, und akzentuiert so die Darstellung der Grundkonstellationen Gott – Prophet, Elija/JHWH-Religion – Baalsdiener. Buber kürzt die biblischen Szenen oder schmückt sie aus, je seinen Intentionen entsprechend, und ergänzt mit der Schlußszene die Perspektive des »Läufers«, des durch die Zeiten weiterwirkenden Elias.

Der Essay »Elias oder eine Ahnung der Unsterblichkeit« wurde, mit freundlicher Genehmigung des Verlags Herder, Elie Wiesels Buch »Von Gott gepackt. Prophetische Gestalten« (Aus dem Amerikanischen übersetzt von Ursula Schottelius, Verlag Herder, Freiburg · Basel · Wien, 4. Aufl. 1989, S. 34-65; 1. Aufl. 1983) entnommen. Die amerikanische Originalausgabe erschien unter dem Titel »Five Biblical Portraits« bei University of Notre Dame Press, Notre Dame · London 1982. Die »Five Biblical Portraits« stehen nicht allein in Wiesels Werk; in verschiedenen Büchern hat er biblische oder auch Gestalten des Talmud portraitiert, hat

---

2 Erstdruck »Elijahu« in: Ost und West, Jg. 4, H. 12, Dez. 1904, Sp. 1817 f.; Erstdruck »Das Wort an Elijahu« in: Kadima Kalender für das Jahr 5667, Verlag der Jüdischen Rundschau, Berlin 1906, S. 85. Beide auch in Bubers Buch »Nachlese«, Verlag Lambert Schneider, Gerlingen, 3. Aufl. 1993, S. 16 bzw. 17.

3 Das I. und II. Buch der Könige ist, innerhalb Bubers und Rosenzweigs Bibelübersetzung, Teil der »Bücher der Geschichte«, Elias-Geschichte S. 396-429.

sie in den Portraits als Individuen mit persönlicher Motivation dargestellt und sie damit dem heutigen Leser verständlich gemacht.[4]

Die Elias-Geschichte wird sowohl in Bubers Mysterienspiel als auch in Wiesels Essay als eine Abfolge von Szenen erzählt, die dem Leser für sich anschaulich vor Augen treten. Hier setzt Kristiana Slawik in ihren Farbradierungen an, indem sie zunächst die Geschichte der einzelnen Szenen mit den Mitteln ihres Mediums aufgreift.

Die Illustratorin beschränkt sich nicht auf die einfache Wiedergabe oder Abbildung des Geschehens in der jeweiligen Szene: Bei der Gestaltung des Königs Ahab, der in seinem Kriegswagen von einem tödlichen Pfeil getroffen wird (20. Szene), setzt sie z. B. im unteren Teil der Illustration die biblische Prophezeiung vom Tode Ahabs und deren Erfüllung ins Bild, wenn der Wagen, nach Ahabs Tod, von seinem Blut gesäubert wird: »So hat ER gesprochen: / An dem Ort, wo die Hunde das Blut Nabots leckten, / werden die Hunde dein Blut lecken, auch deins!« – »Als man den Wagen am Teich von Samaria spülte, / leckten die Hunde sein Blut auf, / während die Huren badeten, / nach SEINER Rede, die er geredet hatte.«[5] Wenn bei Buber Elias, Owadja und Ahab (8. Szene) auftreten, so steht bei Kristiana Slawik nur Elias da, der Prophet als

---

4 Vgl. seine in deutscher Sprache erschienenen Bücher »Adam oder das Geheimnis des Anfangs. Legenden und Portraits.« Aus dem Französischen von Hanns v. Bücker, Verlag Herder, Freiburg · Basel · Wien, 2. Aufl. 1994; »Die Weisheit des Talmud. Geschichten und Porträts.« Aus dem Französischen von Hanns v. Bücker, Verlag Herder, Freiburg · Basel · Wien 1992; »Noah oder ein neuer Anfang. Biblische Portraits.« Aus dem Amerikanischen von Reinhold Boschert-Kimmig, Verlag Herder, Freiburg · Basel · Wien 1994.

5 I Könige 21, 19 und 22, 38; in den »Büchern der Geschichte« S. 417 und S. 422.

Mittler zwischen Himmel und Erde. Und die Illustration zur 6. und 7. Szene zeigt als Hauptmotive die Witwe und ihren Sohn wie den Propheten, mit dem, aus seiner Sicht, Gott »geschaltet« und den er »verwendet« hat, wie eine Schachfigur in seinem Spiel.

T. R.